MARIA – WIR KOMMEN ZU DIR

Gebete und Gedanken
zur Marien-Wallfahrt und -Verehrung

Erich Legler

Maria —
wir kommen zu Dir

Gebete und Gedanken
zur Marien-Wallfahrt
und -Verehrung

Kunstverlag Josef Fink

Kunstverlag Josef Fink
Hauptstraße 102 b
88161 Lindenberg
Telefon (0 83 81) 8 37 21
Telefax (0 83 81) 8 37 49
Internet www.kunstverlag-fink.de
E-Mail info@kunstverlag-fink.de

2. erweiterte Auflage 2009
© Kunstverlag Josef Fink, Lindenberg
ISBN 978-3-89870-309-3

Weitere Titel finden Sie auf der Verlagswebsite
www.kunstverlag-fink.de (unter „shop").

Fotos: Erich Legler; mit Ausnahme S. 1, 58 Archiv des Klosters Einsiedeln
(Foto P. Damian Rutishauser); S. 9, 57 Heiner Heine/Wallfahrts- und
Verkehrsbüro Altötting, S. 13, 94 li. Erwin Reiter, Haslach;
S. 29 Rheinisches Bildarchiv, Stadt Köln (Inv.-Nr. WRN 67);
S. 31 Kunstmuseum Solothurn; S. 39, 109 Konrad Rainer, Salzburg;
S. 43, 109 Foto Konrad Rainer, Salzburg, mit frdl. Genehmigung
Kapellenpflege Stuppacher Madonna, 97980 Bad Mergentheim-Stuppach;
S. 60 Andreas Lechtape; S. 62 rechts Sigbert Baumann;
S. 89 Bild- und Filmstelle der Erzdiözese Freiburg (Christoph Hoppe);
S. 75, 78, 92, 101, 110 Archiv Kunstverlag J. Fink, Lindenberg

Korrektorat: Sonja Gebauer, Scheidegg im Allgäu
Verlegerische Betreuung: Birgit Lottes
Lithos: Holzer Druck und Medien, Weiler im Allgäu
Druck: AZ Druck und Datentechnik GmbH, Kempten

INHALT

I. Vom Sinn des Wallfahrens / Pilgerns

Wir sind auf Wallfahrt. Unser ganzes Leben ist eine Wallfahrt. Wir haben hier keine Bleibe und kein Genügen für immer. Die Sehnsucht in unserem Herzen will mehr, sucht das Größere, streckt sich aus nach dem Alles. Sie ist wie eine unheilbare Krankheit in uns. Wir müssen ihr nachgeben und ihr nachgehen. Sie treibt uns, sie lockt uns, sie ermutigt uns, das Bleibende, das Eigentliche, das Erfüllende zu suchen. Daher sind wir unterwegs – von da nach dort. Das ist auch unser eigentlicher Name: „Von und zu Gott" dürfen wir uns zurecht nennen. Solange wir das Ziel der großen Sehnsucht nicht erreicht haben, solange sind wir Fremde ohne Dauer-Aufenthaltsgenehmigung, sind wir Unruhige und Ruhelose auf dem Weg, sind wir „Menschen des neuen Weges" (Apg 9,2), sind wir das wandernde Gottesvolk und Pilger zum Absoluten – zwischen dem Schon und dem Noch-nicht. Der Weg und das Gehen auf dem Weg sind deshalb unsere urmenschliche Daseinserfahrung und unsere ureigentliche Bestimmung. Der Weg: Immer weiter, immer „nach Hause"

(Novalis). Bis wir finden dürfen und gefunden werden. Unser Vater wartet auf uns.

Wir haben große Vor- und Leitbilder für unser Wallen und Pilgern. Vater Abraham bricht auf Gottes Geheiß von Ur in Chaldäa auf und führt seine Sippe ins Land der Verheißung. Ohne Wenn und Aber, einfach in der Zuversicht auf Gottes Weisung und Treue. Und Jahwe löst sein Versprechen ein: Abraham gewinnt; seitdem nennen wir ihn „Vater des Glaubens". Im Leben Mariens ist es ähnlich. Der jungen Frau aus Nazareth wird eine Botschaft zugesprochen, die ihr Leben total verändert. Aber im Vertrauen auf den, dessen Wort wahr ist, spricht sie ihr „Ja": Gott wie du willst, und wird zur Mutter Jesu. Sie ging den Pilgerweg des Glaubens; sie ist zur „Schwester der Glaubenden" geworden, die uns sagt: Wagt auch ihr diesen Weg! – Und Jesus? Sein Leben lang ist er unterwegs auf den Pfaden und Wegen in Israel. Ein paar Mal auf der Wallfahrt nach Zion, zum Tempel. Sonst geht er durchs Land zu den Menschen, sie suchend und heilend: Er ist – können wir so sagen? – der Wallfahrer Gottes und Gottes Wallfahrt zu den Kleinen und Armen, zu den Kindern und Sündern, zu den Offenen und Bereiten. Offensichtlich gehört dies zur Art Gottes, übers Land zu pilgern. Und den Pilger – dazu gehören alle Jünger und Missionare, alle, im Herzen Ruhelosen und Suchenden und zu Gott Unterwegsbleibenden – besonders nahe zu sein und sie zu segnen.

Wir sind also aufgebrochen. Entsprechen unserer Sehnsucht und unserem Heimweh. Zuvor jedoch gilt es, das Bisherige zurück- und loszulassen, das, was uns eingebunden und oft genug auch gebunden hat; unseren Alltag und das Alltägliche, das Gehabte mit all seinem Gehabe und Anspruch an uns, das Gewohnte und Gewöhnliche. Das ist nicht leicht. Wir müssen schon die Schwelle der eigenen Haustüre überschreiten wollen, den ersten Schritt ins Wagnis Gottes hinein tun. Zurücklassen müssen wir auch die Angehörigen und die überängstlichen und einengenden Sorgen: Wie wird's wohl gehen? Un-

Lourdes, Lichterprozession

term Schutz des Allerhöchsten wird es gut gehen (Ps 119,114). Wir dürfen ihm glauben und vertrauen: Der uns behütet, wird über uns wachen und uns begleiten; Gott ist ein fürsorglicher Gott (Ps 121,4 u. a.). So dürfen wir aufbrechen und ausbrechen – zu Neuem, zu Unerwartetem, zu Gott-Gefügtem. „Ich freute mich, da man mir sagte: Zum Haus des Herrn wollen wir pilgern." (Ps 122) Unsere Hilfe ist im Namen des Herrn!

Wir sind gerufen, den Weg unter die Füße zu nehmen, unseren Lebensweg bewusst geistig und geistlich zu beschreiten, auf ihm auszuschreiten, weiterzuschreiten. Wer hat uns dazu angesprochen, eingeladen, ermutigt? Ein Reise- oder Wallfahrtsprospekt, der uns zufällig in die Hand kam? Ein Mitgehender, ein Mitwallfahrer? Dahinter sicher der, der ein rufender, ein anrufender Gott ist. Zu Abraham sprach er: „Zieh weg in das Land, das ich dir zeigen werde" (Gen 12,1). – Wohin geht's? Geht es ins verlorene Paradies, das wir nie vergessen können? Sind wir unterwegs ins Land der Väter, ins fruchtbare Land Kanaan? Oder zieht's uns in die verheißene Stadt auf dem Berg, Jerusalem? Stets sind wir geheißen, die Spur zu suchen, die in die Weite, in die Un-endlichkeit, in Gottes Leben weist. Und ihr beherzt nachzuziehen, sie zu gehen. Niemals, auch wenn die Anfechtung dazu mächtig werden kann, dürfen wir irgendwo sitzen bleiben und unser Pilgern aufgeben; niemals ist es uns erlaubt, das für unseren „Gott" zu erklären, was wir im Augenblick zu besitzen meinen. Das wäre die Pilgersünde: Wir blieben sitzen und wären verloren. Also weiter. Nicht aufgeben und nicht verzagen! Mit jedem Schritt kommen wir unserem Ziel näher.

Wir sind nicht allein auf dem Weg. Andere Menschen gehen mit, fahren mit. Auch sie haben Fernweh, Pilgerweh, Gottesweh. Es tut gut, dass es sie gibt. Ähnliches, Gleiches lässt zusammenkommen, macht vertraut, verbindet. Wir werden zu einer Weggemeinschaft, sind Menschen auf demselben Weg. Das Gespräch miteinander, der Austausch unserer Lebens- und Glaubenserfahrungen, wird zur Bereicherung. Das gemeinsame Beten und Singen, das Stillewerden und In-sich-Hineinhorchen kann jeden bestärken: „Du aber stärke deine Brüder!"(Lk 22,32) Und wenn jemand eine besondere Rücksichtnahme und Hilfe braucht, dann sind wir für ihn da. „Ertragt einan-

Altötting/Bayern, Gnadenkapelle mit Pilgern

der die Last des Lebens, so erfüllt ihr Gottes Gebot" (Gal 6,2). Mit einem Freund oder „seelisch Verwandten", mit Geschwistern des Glaubens ist der Weg nur halb so schwer und nicht so weit. Im Miteinander und Füreinander werden wir den Weg bestehen.

Wir haben für jetzt ein konkretes Ziel, eine bestimmte Stätte, den Wallfahrtsort N. vor uns. Dahin wollen wir. Wir gehen zu Unserer Lieben Frau, zur verehrten. Unzählig viele Menschen sind schon vor uns zu ihr gepilgert – zu Maria, unserer Schwester im Glauben, zur kleinen Magd Gottes, die ihr „Ja" gesprochen zur Weisung und zum Willen des Allerhöchsten. Sie hat Jesus, den Sohn Gottes und den Erlöser der Menschen empfangen, getragen und in die Welt gebracht. Sie ist mit ihm gegangen in seiner Nachfolge bis zum Kreuz. Deshalb hat Gott sie in die Himmel erhoben und sie uns als Mutter und Fürbitterin gegeben. Das erspüren wir Menschen, gerade an einem ehrwürdigen Wallfahrtsort. – Da ist geheiligter Ort im uns umfangenden Kapellen- oder Kirchenraum mit seiner warmen Atmosphäre durch den Schein der brennenden Kerzen vor dem geschmückten Marienbild und den ungezählten Votivgaben als Zeichen der Verehrung. Hier scheint der Himmel unsere Erde zu berühren und der Regenbogen des Friedens sich über uns auszuspannen. Hier sind wir eingeladen, Maria, die heilige Gottesmutter, zu grüßen und zu loben, hier dürfen wir uns unter ihren Mantel geben, hier können wir ihr unseren Jubel und unsere Not anvertrauen: „Heilige Maria, bitte für uns Sünder!"

Wir werden uns aus verschiedenem Anlass und in ganz unterschiedlicher Intention auf Wallfahrt begeben, gegeben haben, auf diesen Geh-Bet-Weg. In einem persönlichen Anliegen oder auch stellvertretend für einen anderen Menschen. Jeder von uns wird zu allererst von Herzen danken: „Maria hat geholfen." Auf Schritt und Tritt lesen wir solche Inschriften, solche Dankadressen am Muttergottes-Ort. Das ist zwar ungelenk und untheologisch geschrieben, aber immer ist es wohl recht gemeint: Maria hat durch ihre Fürbitte Gottes Hilfe erfleht, danke für ihre Mütterlichkeit, danke für ihre Mitsorge und Liebe! Und dann werden zu unserer gütigen Mutter Maria so viele Bitten gebracht, so viele Bittende zu ihr kommen. Kleine und große Beschwernisse und Nöte sind's, die wir Menschen allein nicht tragen, nicht lösen und erlösen können: Arbeitsplatzverlust und Existenznot, Verlust und Bedrohung, Krankheit und Alter, Enttäuschung und Entfremdung, Streitigkeit und Unfriede, Umwege und Abwege, Ängste und Verzweiflungen, Ausweglosigkeit und Dunkelheiten, Alleinsein, Abschied und Tod. Gott allein weiß es. Und er wird auch verstehen, warum wir uns nicht ausschließlich an ihn allein und direkt wenden. Warum wir quasi am Rockzipfel der Mutter hängen und warum wir uns „unter ihrem Schutz und Schirm" ihm, unserem Gott und Vater nahen. Durch Maria zu Jesus, durch die Gottesmutter Maria zu Gott, unserem guten Vater im Himmel!

Wir suchen und erbitten uns etwas auf der Wallfahrt – manche sicher die Erhörung einer Bitte, die Erfüllung eines Wunsches, die Entsprechung einer Erwartung; oft mit Versprechungen verbunden; da sind wir wie Kinder. Andere suchen und erbitten die Neuorientierung ihres Lebens, die Verwesentlichung, die Verinnerlichung, die Bekehrung und die Hinkehrung zu Gott – durch die Vermittlung Jesu Christi und auf die Fürsprache der lieben Gottesmutter.

Wir dürften dabei doch wissen, dass alles Gnade und die Gnade alles ist (1 Kor 15,10). Auch das Gelingen einer Wallfahrt, einer Pilgerschaft können wir uns nicht erzwingen oder erkaufen, schon gar nicht durch Werkgerechtigkeit, durch asketische Übungen, durch die Anhäufung von Gebeten. Gott gibt nach dem Maß seiner Liebe, schenkt nach seiner bedachten Vorsehung – wie es für uns gut ist, was uns zum Heile dient (Ps 91,16). Offen und bereit sein für das, was Gott mit uns will, das jedoch vermögen wir, das sollen wir einbringen als unsere Gabe. Je leerer und bedürftiger, je ärmer und absichtsloser jemand ist, desto mehr erbarmt sich der Herr. Und wenn einer auf Wallfahrt/Pilgerschaft – stets auch mit dem Empfang des Sakramentes „Versöhnung" und der Mitfeier der heiligen Eucharistie begangen – dennoch wenig verspürt von einer inneren Berührung und Wende, dann ist dennoch etwas geschehen – wie bei jenem Behinderten auf einer Wallfahrt nach Lourdes: „Ich nehme meine Krankheit wieder mit heim, aber ich trage sie jetzt wieder besser."

Wir dürfen ankommen am Wallfahrtsort, wenn wir bewusst und geistlich darauf ausgerichtet nach dort aufgebrochen sind. Der Ort, meist in reizvoller Landschaft mit langer Tradition, ist geprägt von zahllosen Wallfahrern. Wir sollten uns nicht in Äußerlichkeiten verlieren und jeder Oberflächlichkeit wehren. Am besten, wir suchen nach unserer Ankunft bald das Heiligtum auf, in der Gruppe oder als einzelner Beter. Im Stillwerden und Beten geben wir zu allererst dem Dreifaltigen Gott die Ehre, dem Vater durch Jesus Christus im Heiligen Geist. Dann begegnen wir der Gnadenmutter. Ihr Bild will uns mit Maria vertraut machen, will sie uns nahe bringen. Wesentlich wird sein, dass wir ihr Leben bedenken und betrachten, so wie die biblische Überlieferung sie ins Wort und uns in Erinnerung bringt. Das sind nicht viele Stellen im Neuen Testament, aber sie sind für uns wegweisend im Glauben, in der Hoffnung, in der Liebe – für unser eigenes Leben. Verweilen wir einfach in diesen Tagen im Raum des Göttlichen und des Heiligen, so oft dies möglich ist – im Bedenken und Betrachten und im Beten, danksagend, lobpreisend, bittend, klagend, aber doch auch hoffend und zuversichtlich und getrost-gemacht. „Gruß dir, Mutter, in Gottes Herrlichkeit ... Auf Gottes Wort lass gläubig uns vertraun, bis wir mit dir den Herrn im Lichte schaun, o Maria."

Wir machen uns auf den Weg zurück. Kaum angekommen, heißt es wieder gehen, Abschied nehmen zu Anderem: Aus der Aufgehobenheit am Gnadenort in das Ausgesetztsein unseres Lebens. Aber vielleicht doch auf einem anderen Weg, wie es von den drei Weisen heißt (Mt 2,12). Mehr noch: als andere, versöhnte, liebevollere Menschen, welche die Zuneigung und das Wohlwollen Gottes dankbar erfahren durften; die Jesus, dem Sohn Mariens und ihrem rettenden Herrn, bewusst begegnet sind – durch den liebenden Hinweis seiner und unserer Mutter: Tut alles, was er euch sagt (Joh 2,5)!

Wenn wir dies aus unserer Wallfahrt mitnehmen und in uns bewahren dürften! Unser Leben hätte wieder das segnende Kreuz vor allem, was es uns gibt oder nimmt, was es uns leicht oder schwer macht. Wir könnten es leben mit dem heilversprechenden Vorzeichen, unter dem Signum der Begnadung. Das wäre doch der tiefste Sinn unseres Aufbrechens und Aufmachens, unseres Gehens und Suchens, unseres Wallens und Pilgerns: glaubend zu wissen,

Wanderer zwischen den Welten, Unterwegsseiende und Unstete, ruhelose Pilger zu Gott zu sein – geliebt und gehalten von unserem guten Vater, im Leben und in der Kraft seines Geistes, gewiesen und geführt durch Jesus, unseren Bruder. Denn er ist nicht nur unser Mit-Pilger, nicht nur unser Pilger-Führer: Er ist unser wahrer und verläßlicher Weg (Joh 14,6) und die Tür (Joh 10,7), die uns die gültige und volle Wahrheit eröffnet, das glückselige Leben in Gott. –

Wir waren auf Wallfahrt und Pilgerschaft. Immer sind wir das. Immer sind wir geheißen, aus Altem, Besessenem, aus Unentschiedenheit und Halbheiten wegzugehen und suchend und fragend aufzubrechen in das verheißene Land Gottes, immer dorthin unterwegs zu sein und zu bleiben. Und inständig zu bitten, ankommen zu dürfen, um aufgenommen zu werden – in der Heimat für immer (Joh 14,2). (Le)

Gebetsstätte Wigratzbad/Allgäu

II. MARIENLOB ZU GOTTES LOBPREIS

MAGNIFICAT

Meine Seele preist die Größe des Herrn,
und mein Geist jubelt über Gott, meinen Retter.
Denn auf die Niedrigkeit seiner Magd hat er geschaut.
Siehe, von nun an preisen mich selig alle Geschlechter.
Denn der Mächtige hat Großes an mir getan, und sein Name ist heilig.
Er erbarmt sich von Geschlecht zu Geschlecht über alle, die ihn fürchten.
Er vollbringt mit seinem Arm machtvolle Taten:
Er zerstreut, die im Herzen voll Hochmut sind;
er stürzt die Mächtigen vom Thron und erhöht die Niedrigen.
Die Hungernden beschenkt er mit seinen Gaben und läßt
die Reichen leer ausgehen.
Er nimmt sich seines Knechtes Israel an und denkt an sein Erbarmen,
das er unsern Vätern verheißen hat, Abraham und seinen
Nachkommen auf ewig.

(Lk 1,46–55 / Vesperhymnus der Kirche)

AVE MARIA

Gegrüßet seist du, Maria, voll der Gnade,
der Herr ist mit dir.
Du bist gebenedeit unter den Frauen,
und gebenedeit ist die Frucht deines Leibes, Jesus.
Heilige Maria, Mutter Gottes,
bitte für uns Sünder
jetzt und in der Stunde unseres Todes. Amen.

(Lk 1,28; 1,42 / Bitte aus dem 12. Jahrhundert)

Madonna, Rom, Santa Maria sopra Minerva, 15. Jahrhundert

ANGELUS

Der Engel des Herrn brachte Maria die Botschaft,
und sie empfing vom Heiligen Geist.
Gegrüßet seist du, Maria …

Maria sprach: „Siehe, ich bin die Magd des Herrn;
mir geschehe nach deinem Wort."
Gegrüßet seist du, Maria …

Und das Wort ist Fleisch geworden
und hat unter uns gewohnt.
Gegrüßet seist du, Maria …

Bitte für uns, heilige Gottesmutter,
dass wir würdig werden der Ver-
heißung Christi.
Allmächtiger Gott, gieße deine
Gnade in unsere Herzen ein.
Durch die Botschaft des Engels
haben wir die Menschwerdung
Christi,
deines Sohnes, erkannt.
Lass uns durch sein Leiden und
Kreuz zur Herrlichkeit der
Auferstehung gelangen.
Darum bitten wir durch Christus,
unsern Herrn. Amen.

*(„Stundengebet des Volkes" zum
Angelus-Läuten, 14. Jahrhundert)*

*Verkündigung, aus Frankfurter
Paradiesgärtlein, 13. Jahrhundert*

III. Marianische Antiphonen und Hymnen

Maria, dich zu loben …

Mache mich würdig, dich zu loben, heilige Jungfrau,
du Mutter meines Herrn und Dienerin deines Sohnes.
Ich bitte dich, du wollest mir den Geist Christi, meines Erlösers, erbitten:
Den Geist der Erkenntnis und den Geist des Glaubens,
den Geist der zarten Frömmigkeit und den Geist der brennenden Liebe.
Erflehe mir Hilfe in Gefahren und Trost im Leiden,
die Freuden, die ich erfahre, heilige!

(Augustinus, 5. Jahrhundert)

Gruss dir, heilige Mutter

Gruß, dir, heilige Mutter, die du uns den König geboren,
ihn, der da Himmel und Erde erhält im Wandel der Zeiten,
ihn, dessen Walten das Weltall umfängt in ewigem Kreise,
ihn, dessen Reich ohne Ende, trugst du in seligem Schoße!
Mutterfreude verband sich in dir mit der Ehre der Jungfrau.
Keine der Frauen glich dir, und keine wird dir je gleichen;
du allein, hehre Jungfrau, hast Gefallen gefunden vor Gott.

(Caelius Sedulius, 5. Jahrhundert)

AKATHISTOS-HYMNUS

Öffnen will ich meinen Mund, erfüllt soll er werden vom Geist!
Und ein Lied will ich singen der Königin-Mutter.
Fröhlich erscheine ich vor ihr und künde mit Freuden,
was Wundertaten an ihr geschehen.

Maria, freue dich, durch dich strahlt auf die Freude.
Freue dich, durch dich schwindet der Fluch.
Freue dich, des gefallenen Adam Wiederberufung.
Freue dich, der weinenden Eva Tröstung.
Freue dich, Höhe, schwer erreichbar für unsere Gedanken.
Freue dich, Tiefe, schwer durchschaubar selbst für Engel.
Freue dich, denn du bist des Königs Thron.
Freue dich, denn du trägst den Träger des Alls.
Freue dich, Stern, der die Sonne spiegelt.
Freue dich, Schoß für Gottes menschgewordenen Sohn.
Freue dich, durch dich wird neu die ganze Schöpfung.
Freue dich, durch dich wird ein Kind der Schöpfer.
Freue dich, unvermählte Braut des Geistes.

Öffnen will ich meinen Mund,
erfüllt soll er werden vom Geist!
Und ein Lied will ich singen
der Königin-Mutter.
Fröhlich erscheine ich vor ihr
und künde mit Freuden,
was Wundertaten an ihr geschehen.

*(Ostkirchliches Marienlob,
Auswahl, um 550)*

Panagia, Patmos, 12. Jahrhundert

Alma Redemptoris Mater

Erhabne Mutter des Erlösers,
du allezeit offne Pforte des Himmels
und Stern des Meeres,
komm, hilf deinem Volke,
das sich müht, vom Falle aufzustehn.
Du hast geboren, der Natur zum Staunen,
deinen heiligen Schöpfer.
Unversehrte Jungfrau,
die du aus Gabriels Munde
vernahmst das selige Ave,
o erbarme dich der Sünder.

(Antiphon zur Advents- und Weihnachtszeit, Reichenau, 11. Jahrhundert)

Ave Regina Coelorum

Ave, du Himmelskönigin, ave, der Engel Herrscherin.
Wurzel, der das Heil entsprossen,
Tür, die uns das Licht erschlossen:
Freu dich, Jungfrau, voll der Ehre,
über allen Seligen Hehre,
sei gegrüßt, des Himmels Krone,
bitt für uns bei deinem Sohne.

(Antiphon zur österlichen Bußzeit, 12. Jahrhundert)

Regina Coeli

O Himmelskönigin, frohlocke, Halleluja.
Denn er, den du zu tragen würdig warst, Halleluja,
ist erstanden, wie er sagte, Halleluja.
Bitt Gott für uns, Maria. Halleluja!

(Antiphon zur Osterzeit, um 1200)

Salve Regina

Sei gegrüßt, o Königin,
Mutter der Barmherzigkeit;
unser Leben, unsre Wonne
und unsre Hoffnung, sei gegrüßt!
Zu dir rufen wir, verbannte Kinder Evas;
zu dir seufzen wir trauernd und weinend
in diesem Tal der Tränen.
Wohlan denn, unsere Fürsprecherin,
wende deine barmherzigen Augen uns zu,
und nach diesem Elend zeige uns Jesus,
die gebenedeite Frucht deines Leibes.
O gütige, o milde, o süße Jungfrau Maria.

(Antiphon während des Jahres, 10. Jahrhundert)

Christus und Maria, Reichenau/Mittelzell, 12. Jahrhundert

Du grosse Herrin

Du große Herrin, schönste Frau,
hoch über Sternen steht dein Thron.
Du trugst den Schöpfer,
der dich schuf,
und nährtest ihn an deiner Brust.
Was Eva einst verloren sah,
gibst du im Sohne reich zurück.
Der Himmel öffnet sich in dir:
Zur Heimkehr steht
der Weg uns frei.

Du Pforte für den Königssohn,
des neuen Lichtes helles Tor,
in dir grüßt jauchzend alle Welt
das Leben, das du ihr geschenkt.
Herr Jesus, dir sei Ruhm und Preis,
Gott, den die Jungfrau uns gebar.
Lob auch dem Vater und dem Geist
durch alle Zeit und Ewigkeit.

(Antiphon zum Fest Mariä Aufnahme [15. August], 16. Jahrhundert)

Wegführerin, 16. Jahrhundert, spätbyz./Privatbesitz

AVE, MARIS STELLA

Meerstern, sei gegrüßet,
Gottes hohe Mutter,
allzeit reine Jungfrau,
selig Tor zum Himmel!

Du nahmst an das AVE
aus des Engels Munde.
Wend den Namen EVA,
bring uns Gottes Frieden.

Zeige dich als Mutter,
denn dich wird erhören,
der auf sich genommen,
hier dein Sohn zu werden.

Jungfrau ohnegleichen,
Gütige vor allen,
uns, die wir erlöst sind,
mach auch rein und gütig.

Lös der Schuldner Ketten,
mach die Blinden sehend,
allem Übel wehre,
jeglich Gut erwirke.

Gib ein lautres Leben,
sicher uns geleite,
dass wir einst in Freuden
Jesus mit dir schauen.

Lob sei Gott, dem Vater,
Christ, dem Höchsten, Ehre
und dem Heilgen Geiste:
dreifach eine Preisung. Amen.

*(Antiphon an Marienfesten,
9. Jahrhundert)*

Immakulata in der Wallfahrtskirche zu Gößweinstein

22

HERRLICH STRAHLST DU IM LICHT

Herrlich strahlst du im Licht, Jungfrau Maria,
Kind aus Davids Geschlecht, Tochter des Königs,
die erhaben nun thront hoch in den Himmeln
und Königin der Engel ist.
Dem allmächtigen Gott wurdest du Mutter,
hast dem Herrn, der dich schuf, Wohnung bereitet,
ihm den heiligen Schoß willig geboten,
und im Fleische ward Gott Mensch wie wir alle.
Den in Ehrfucht verehrt Erde und Himmel,
den Erlöser und Herrn, bitten wir heute,
da ins himmlische Reich ganz er dich aufnahm:
Aus dem Dunkel der Welt führ uns zum Lichte.
Dir sei Ehre und Preis, Vater des Lichtes;
dir, dem ewigen Sohn, der uns erlöst hat;
dir, dem Heiligen Geist, Gott dem Dreieinen,
dessen Herrschaft und Reich währen auf ewig.

(Antiphon zum Fest der Aufnahme Mariens, 15. August)

Stabat mater dolorosa

Christi Mutter stand mit Schmerzen
bei dem Kreuz und weint von Herzen,
als ihr lieber Sohn da hing.
Durch die Seele voller Trauer,
seufzend unter Todesschauer,
jetzt das Schwert des Leidens ging.

Welch ein Schmerz der Auserkornen,
da sie sah den Eingebornen,
wie er mit dem Tode rang!
Angst und Trauer, Qual und Bangen,
alles Leid hielt sie umfangen,
das nur je ein Herz durchdrang.

Wer könnt ohne Tränen sehen
Christi Mutter also stehen
in so tiefen Jammers Not?
Wer nicht mit der Mutter weinen,
seinen Schmerz mit ihrem einen;
leiden bei des Sohnes Tod?

Ach, für seiner Brüder Schulden
sah sie ihn die Marter dulden;
Geißeln, Dornen, Spott und Hohn!
Sah ihn trostlos und verlassen
an dem blutgen Kreuz erblassen,
ihren lieben, einzgen Sohn.

Gib, o Mutter, Born der Liebe,
dass ich mich mit dir betrübe,
dass ich fühl die Schmerzen dein.
Dass mein Herz von Lieb entbrenne,
dass ich nur noch Jesus kenne,
dass ich liebe Gott allein.

Heilge Mutter, drück die Wunden,
die dein Sohn am Kreuz empfunden,
tief in meine Seele ein.
Ach, das Blut, das er vergossen,
ist für mich dahingeflossen;
lass mich teilen seine Pein.

Lass mich wahrhaft mit dir weinen,
mich mit Christi Leid vereinen,
solang mir das Leben währt.
Unterm Kreuz mit dir zu stehen,
unverwandt hinaufzusehen,
ist es, was mein Herz begehrt.

O du Jungfrau der Jungfrauen,
wollst in Liebe mich anschauen,
dass ich teile deinen Schmerz.
Dass ich Christi Tod und Leiden,
Marter, Angst und bittres Leiden,
Marter, Angst und bittres Scheiden
fühle wie ein Mutterherz.

Lass mich tragen seine Peinen,
mich mit ihm am Kreuz vereinen,
trunken sein von seinem Blut.
Dass nicht zu der ewgen Flamme
der Gerichtstag mich verdamme,
steh, o Jungfrau, für mich gut.

Christus, um der Mutter Leiden
gib mir einst des Sieges Freuden
nach des Erdenlebens Streit.
Jesus, wann mein Leib wird sterben,
lass dann meine Seele erben
deines Himmels Seligkeit. Amen.

*(Sequenz aus der franziskanischen
Tradition, 13./14. Jahrhundert)*

Der Mutter Schmerzen

Gruß dir, liebe Mutter Christi!
Großer Schmerz hat dich getroffen,
als dir Simeon verkündet,
dass ein Schwert dein Herz durch-
bohre.

Gruß dir, liebe Mutter Christi!
Als du flüchtest nach Ägypten,
littest du im fremden Lande
herbe Qualen der Verbannung.

Gruß dir, liebe Mutter Christi!
Wehen Herzens musst du suchen
deinen Sohn, als er verloren,
bis du ihn im Tempel fandest.

Gruß dir, liebe Mutter Christi!
Auf dem Kreuzweg deines Sohnes
traf das Schwert zum vierten Male,
als du sahst ihn schmachbeladen.
Gruß dir, liebe Mutter Christi!
Als dein Sohn hing an dem Kreuze
frech verhöhnt in Todesqualen,
waren es auch deine Schmerzen.

Gruß dir, liebe Mutter Christi!
Musst es nicht dein Herz zerreißen,
als auf deinen Schoß man legte
deines Sohnes toten Leib.

Gruß dir, liebe Mutter Christi!
Als den Sohn ins Grab man brachte,
war dein Herz in tiefster Trauer,
Finsternis umhüllt dein Leben.

Trauernde, Dominikanermuseum Rottweil

Lass uns, Mutter, deine Schmerzen
tief empfinden und dir danken
für dein bereitwillig Leiden
mit dem Sohn zu unserm Heil.

(nach dem Hymnus „Ave, dulcis Mater Christi", 16. Jahrhundert)

Marienaltar, Creglingen, Tilman Riemenschneider, 1502–05

IV. Litaneien, Fürbitten

Lauretanische Litanei

Herr, erbarme dich!
Christus, erbarme dich!
Herr, erbarme dich!
Christus, höre uns!
Christus, erhöre uns!
Gott Vater im Himmel –
erbarme dich unser!
Gott Sohn, Erlöser der Welt –
erbarme dich unser!
Gott Heiliger Geist –
erbarme dich unser!
Heiliger Dreifaltiger Gott –
erbarme dich unser!

Heilige Maria – bitte für uns!
Heilige Mutter Gottes –
bitte für uns!
Heilige Jungfrau – bitte für uns!
Mutter Christi – bitte für uns!
Mutter der Kirche – bitte für uns!
Mutter der göttlichen Gnade –
bitte für uns!
Mutter, du Reine – bitte für uns!
Mutter, du Keusche –
bitte für uns!
Mutter, ohne Makel –
bitte für uns!
Mutter, du viel Geliebte –
bitte für uns!

Mutter, so wunderbar –
bitte für uns!
Mutter des guten Rates –
bitte für uns!
Mutter der schönen Liebe –
bitte für uns!
Mutter des Schöpfers –
bitte für uns!
Mutter des Erlösers –
bitte für uns!

Jungfrau, du kluge und weise –
bitte für uns!
Jungfrau, von den Völkern gepriesen – bitte für uns!
Jungfrau, mächtig zu helfen –
bitte für uns!
Jungfrau voller Güte –
bitte für uns!
Jungfrau, du Magd des Herrn –
bitte für uns!

Du Spiegel der Gerechtigkeit –
bitte für uns!
Du Sitz der Weisheit –
bitte für uns!
Du Ursache unserer Freude –
bitte für uns!
Du Kelch des Geistes –
bitte für uns!
Du kostbarer Kelch –

bitte für uns!
Du Kelch der Hingabe –
bitte für uns!
Du geheimnisvolle Rose –
bitte für uns!
Du starker Turm Davids –
bitte für uns!
Du elfenbeinerner Turm –
bitte für uns!
Du goldenes Haus –
bitte für uns!
Du Bundeslade Gottes –
bitte für uns!
Du Pforte des Himmels –
bitte für uns!
Du Morgenstern –
bitte für uns!
Du Heil der Kranken –
bitte für uns!
Du Zuflucht der Sünder –
bitte für uns!
Du Trost der Betrübten –
bitte für uns!
Du Hilfe der Christen –
bitte für uns!
Du Königin der Engel –
bitte für uns!
Du Königin der Patriarchen –
bitte für uns!
Du Königin der Apostel –
bitte für uns!
Du Königin der Märtyrer –
bitte für uns!
Du Königin der Bekenner –
bitte für uns!

Du Königin der Jungfrauen –
bitte für uns!
Du Königin aller Heiligen –
bitte für uns!
Du Königin, ohne Erbschuld
empfangen – bitte für uns!
Du Königin, aufgenommen in den
Himmel – bitte für uns!
Du Königin vom heiligen Rosen-
kranz – bitte für uns!
Du Königin der Familie –
bitte für uns!
Du Königin des Friedens –
bitte für uns!

Lamm Gottes, du nimmst hinweg
die Sünde der Welt –
Herr, verschone uns!
Lamm Gottes, du nimmst hinweg
die Sünde der Welt –
Herr, erhöre uns!
Lamm Gottes, du nimmst hinweg
die Sünde der Welt –
Herr, erbarme dich!

Lasst uns beten: Gütiger Gott, du
hast allen Menschen Maria zur
Mutter gegeben. Höre auf ihre Fürsprache: Nimm von uns die Traurig-
keit dieser Zeit, dereinst aber gib
uns die ewige Freude –
durch ihn, Jesus Christus, unsern
Herrn. Amen.

*(Marien-Anrufungen, Loreto/Italien,
16. Jahrhundert)*

Muttergottes in der Rosenlaube, Köln um 1448, Stefan Lochner

Bitten an Maria

Bitte für uns, Maria!
Du Mutter Jesu, des Menschensohnes.
Du Mutter der Notleidenden und Armen.
Du Mutter der Verlassenen und Einsamen.
Du Mutter der Mutlosen und Verzagten.
Du Mutter der Verwirrten und Schwermütigen.
Du Mutter der Kranken und Sterbenden.
Du Mutter der Leidtragenden und Leidenden.
Du Mutter der Trauernden und Weinenden.
Du Mutter der Schuldiggewordenen.

* Hilf uns, du Schmerzensmutter!
Durch deine Armut im Stall.
Durch deinen Schmerz bei der Weissagung Simeons.
Durch deine Ungewissheit auf der Flucht nach Ägypten.
Durch dein Suchen nach dem verlorenen Kind.
Durch deine Angst bei der Gefangennahme deines Sohnes.
Durch deine Begegnung mit Jesus auf seinem Kreuzweg.
Durch dein Aushalten unter dem Kreuz Jesu.
Durch deinen Schmerz beim Tod Jesu.
Durch deine Trauer um deinen toten Sohn.

* Erfleh uns Gottes Kraft!
In der Dunkelheit und Not unseres Lebens.
In Furcht und in Ängsten.
In Gefahr und Anfechtung.
In Kleinmut und Verzagtheit.
In Unwillen und Ungeduld.
In Kummer, Sorgen und Leiden.
In Ungelöstem und Unerlöstem.
In Einsamkeit und Verlassenheit.
Im Alter und Nichtmehr-Können.
In der Stunde unseres Todes. (Le)

*Madonna in den Erdbeeren, um 1425, Oberrheinischer Meister
Kunstmuseum Solothurn, übernommen vom Kunstverein Solothurn*

Maria, du unsere Schwester

Maria, du bist ein Mensch wie wir, nur viel besser als wir.
Gott beschenkte dich mit seiner Gnade in Fülle.
Immer warst du die Magd seiner Liebe; du gehörtest ihm in allem.
Er hat dich erhöht in die Himmel.
In der Gemeinschaft der Heiligen bist du ihm ganz nahe.
*Bitte für uns bei Gott!
Du von Gott Erwählte und Berufene.
Du von den Menschen Geliebte und Verehrte.
Du Schwester aller, die Christus suchen.
Du Schwester aller, die zu Christus unterwegs sind.
Du Schwester aller, die Christus glauben und vertrauen.
Du Schwester aller, die an Christus zweifeln.
Du Schwester aller, die Christi Wort hören und bewahren.
Du Schwester aller, die von Christi Mahl leben und gestärkt werden.
Du Schwester aller, die Christus folgen auf seinem Weg.
Du Schwester aller, die Christus bezeugen vor den Menschen.
Du Schwester aller, die Christus für immer gehören wollen.
Du Schwester aller, die von Christus nichts wissen oder ihn ablehnen.
Du Schwester aller, die Christus ihr Versagen anvertrauen.
Du Schwester aller, die Christus um Vergebung ihrer Sünde anrufen.
Du Schwester aller, die Christus ihr Leben übergeben.
Du Schwester aller, die durch Christus zum Vater finden.
Du Schwester aller, die mit Christus die Weisung Gottes tun.
Du Schwester aller, die mit Christus leben und sterben.
Du Schwester aller, die mit Christus auferstehen dürfen.

Maria, Pilgerin mit uns auf dem Weg, sprich uns Mut zu,
wenn wir müde sind;
bitte für uns, wenn wir nicht weitergehen und aufgeben wollen;
hilf uns, dass wir unser Ziel erreichen, Gott selber im Himmelreich,
durch ihn, Jesus Christus, unsern Herrn und Bruder. Amen. (Le)

MARIA, WIR RUFEN ZU DIR

Mutter Gottes, wir rufen zu dir!

Dich loben die Chöre der Engel –
Maria, wir rufen zu dir!

Dich loben die Heiligen Gottes.
Dich loben die seligen Scharen.
Dich lobet die heilige Kirche.
Dich loben die Menschen auf Erden.
Mutter Gottes, wir rufen zu dir!

Du bist ja die Mutter der Gnade.
Du bist Sitz aller göttlichen Weisheit.
Du bist Mutter des ewigen Rates.
Du bist Mutter der geistlichen Stärke.
Du bist Mutter der schönen Liebe.
Mutter Gottes, wir rufen zu dir!

Du bist ja die Herrin der Himmel.
Du Krone aller Jungfrauen.
Du Königin aller Bekenner.
Du himmlische Fürstin der Märtyrer.
Du Mutter der heilgen Apostel.
Mutter Gottes, wir rufen zu dir!

Du bist ja der Seligen Freude.
Du bist auch das Lob der Getreuen.
Du Hilfe der glaubenden Streiter.
Du Ehre aller Gerechten.
Du Freundin der Boten des Friedens.
Mutter Gottes, wir rufen zu dir!

Du Reis aus der Wurzel Jesse.
Du Tempel des Heiligen Geistes.
Du Arche des Neuen Bundes.
Du Pforte des himmlischen Reiches.
Du Spiegel der heiligen Kirche.
Mutter Gottes, wir rufen zu dir!

Du bist ja die Zuflucht der Sünder.
Du Trösterin der Betrübten.
Du Hilfe des Volkes Gottes.
Du Ursache unserer Freude.
Du Mutter aller Erlösten.
Mutter Gottes, wir rufen zu dir!
(Grüssauer Marienrufe,
20. Jahrhundert)

Fürbitten (1)

Guter Gott, Maria hat deine Botschaft glaubend angenommen.
Wir bitten durch ihre Fürsprache um dein Heil und deine Heiligung auch für uns.
Maria, erbitt uns Gnade bei Gott!

Maria hat dein Wort vertrauend angenommen, o Gott, und in ihrem Herzen bewahrt.
Mach auch uns bereit, deinen heiligen Willen zu tun.

Maria hat das Wagnis mit dir auf sich genommen, o Gott, und ist deiner Berufung gefolgt.
Mach uns zu Menschen, die deiner Fügung und Führung glauben und sich dir überlassen.

Maria ließ sich beschenken mit deinem heiligen Geist, o Gott, und empfing deine Gaben.
Mach offen deine Kirche für den Geist der Erneuerung, o Gott, und bekehre sie.

Maria hat deine Liebe gelebt, o Gott, und sie in ihrer Mütterlichkeit weitergeschenkt.
Mach uns zu Menschen, die in ihrer Familie und Umgebung die Versöhnung und Güte leben.

Maria ist die Hilfe der Kranken und Notleidenden, o Gott, weil sie um unsere Leiden weiß.
Mach uns zu Mitleidenden und Barmherzigen, die in deinem Namen beistehen und helfen.

Maria will den politisch Verantwortlichen, o Gott, und allen Völker den Frieden vermitteln.
Mach uns zu Jüngern Christi, die um Einheit und Frieden untereinander besorgt sind.

Maria ist die Mutter der Kirche, o Gott, die sich mitsorgt für das Heil der Glaubenden.
Mach uns zur Gemeinde Jesu, die dich lobpreist und für andere Menschen da ist.

Guter Gott, die liebe Gottesmutter ist nahe bei dir und nahe bei uns.
Höre und erhöre ihre Bitten, die sie für uns vor dich bringt durch ihn, Jesus Christus, unsern Herrn. Amen.
(Le)

Fürbitten (2)

Gepriesen sei Gott, der Maria zur Mutter Jesu berufen und sie auch uns zur Mutter gegeben:
* *Schenk uns dein Erbarmen!*

Du hast Maria geheiligt und sie vor der Sünde bewahrt.
Höre auf ihre Fürsprache und heile und heilige uns.

Du hast uns Maria zum Vorbild im Glauben und in der Liebe gegeben.
Höre auf ihre Fürsprache und bestärke uns im Vertrauen auf deine Verfügung.

Du hast Maria in ihrer Not unterm Kreuz Jesu bestärkt und sie darunter aushalten lassen.
Höre auf ihre Fürsprache und lass uns in Not und Anfechtung an dir nicht irre werden.

Du hast Maria wieder froh gemacht durch Jesu Auferstehung aus Sünde und Tod.
Höre auf ihre Fürsprache und mach uns zu Menschen, die das kommende Leben in dir erwarten.

Du hast Maria vollendet und sie aufgenommen in deine Herrlichkeit und Seligkeit.

Höre auf ihre Fürsprache und gib uns die Gabe der Unterscheidung, was in unserem Leben allein wichtig ist.

Gepriesen sei Gott, der Maria über alle Menschen erhoben hat – uns zum Vorbild und zur Ermutigung durch Jesus Christus, unsern Herrn. Amen. (Le)

Fürbitten (3)

Guter und großer Gott, gewähre uns durch die Fürbitte der lieben Gottesmutter Maria
deine Hilfe und Nähe in den Anliegen unserer Zeit und Welt:
* *Bitt, Gott, für uns, Maria*
(nach GL Nr. 576)

Wende die Not der Arbeitssuchenden und Arbeitswilligen, besonders unserer jungen Generation, dass sie nicht nur Einkommen und Auskommen finden, sondern auch wieder in ihrem Menschsein bestätigt werden.

Sei und bleibe bei unseren Altgewordenen, Kranken, Einsamen, Bedürftigen durch pflegende und beistehende Menschen, durch Angehörige und Sozialdienste.

Gib ehelichen Partnern und Familien die Verantwortung, auch in der Krise beieinander zu bleiben und ihre Liebe und Treue zu erneuern – zum Wohl aller.

Lass uns zu bewährten Werten im Zusammenleben miteinander zurückfinden, zu Gerechtigkeit und Wahrhaftigkeit, zu Toleranz und Menschenfreundlichkeit, zu Friedensbereitschaft und Einfachheit, zum Vertrauen und zum Glauben.

Berühre unsere jüngeren Mitchristen und erwecke sie zu einem bewußten Glauben an dich, zu einem lebendigen Verhältnis mit Jesus, deinem Sohn, zur Bereitschaft, in der Gemeinschaft der Kirche zu leben und sie mitzutragen.

Gib allen, die in der Wissenschaft, in der Wirtschaft, in der Forschung tätig sind, ein waches, sensibles Gewissen, sich für das Leben des Menschen und für den Erhalt unserer Welt unbedingt und verantwortlich einzusetzen.

Erleuchte Politiker und Regierende und bestärke sie, sich für Gerechtigkeit und Frieden einzubringen und alles zu tun, um Armut, Terror und Krieg zu überwinden, wissend, dass sie diesen Dienst für die Menschheit übernommen haben.

Mach unruhig die Kirchenleitungen in allen Konfessionen und führe sie mit starkem Arm dorthin, wo du sie haben willst – zur Einheit im Glauben in versöhnter Verschiedenheit.

Maria, Mutter Jesu und auch unsere Mutter, bitte für uns bei Gott, dass er unsere Situation zum Besseren und zu unserem Leben wende durch Christus Jesus, unseren Bruder und Retter. Amen. (Le)

FÜRBITTEN (4)

Gott, zu dir beten wir im Namen Christi und durch die Fürbitte Mariens, unserer Mutter:
Hilf uns all auf Erden, o Maria hilf!
(nach der Melodie: Meerstern, ich dich grüße)

– Gott, lass uns zu dir ein Leben lang unterwegs bleiben, dich suchen und nach dir fragen.
– Gott, stärke uns, deine Weisung nicht nur zu hören, sondern sie in unserem Leben zu tun.

- Gott, ermutige uns, das Dunkel deines Weges zu wagen und dennoch zuversichtlich zu sein.
- Gott, sende uns, uns für dein Reich einzusetzen, für Gerechtigkeit, Wahrheit und Frieden.
- Gott, mach uns zu Zeugen des Glaubens inmitten einer Welt der Gottvergessenheit.
- Gott, gib uns den Mut, uns besonders für das bedrohte Leben der Menschen einzusetzen.
- Gott, bring unsere Wege zum Ziel und zur Erfüllung in deiner erfüllenden Ewigkeit.

Gott, wir vertrauen, dass unser Leben und das Leben der ganzen Welt unter deinem Segen steht, trotz unseres Versagens und unserer Schuld. Wir vertrauen auf deine Gnade und Begnadung. Darum bitten wir durch Jesus Christus, unsern Herrn. Amen. (Le)

Fürbitten (5)

Maria, Mutter unsres Herrn, wir bitten um deine liebende Fürsprache für uns:
Mutter Gottes, wir rufen zu dir!

- Bitt Gott für uns um ein glaubendes Herz, das den Allguten und Allmächtigen bezeugt.
- Bitt Gott für uns um ein weises Herz, das dem höchsten Gut und Gott in allem dient.
- Bitt Gott für uns um ein liebendes Herz, das den Notleidenden und Elenden hilft.
- Bitt Gott für uns um ein frohes Herz, das Ausgeglichenheit und Freude widerstrahlt.
- Bitt Gott für uns um ein versöhntes Herz, das den Frieden mit allen Menschen macht.
- Bitt Gott für uns um ein geduldiges Herz, das auch Leiden zu tragen bereit ist.
- Bitt Gott für uns um ein treues Herz, das an Gottes Bund bis ans Ende festhält.
- Bitt Gott für uns um ein hoffend Herz, das sich auf Gottes Verheißung stützt und verlässt.

Maria, Mutter unsres Herrn, deine Fürsprache vermag viel vor Gott. Wir danken dir für deine Mitsorge und Mutterliebe durch Jesus Christus, unsern Herrn. Amen. (Le)

Zur Königin des Friedens

Wir bitten um die Hilfe und die Fürsprache Mariens für unsere zerrissene und friedlose Welt:
Maria, Königin des Friedens, bitte für uns!

– Maria, du hast den Frieden Gottes, Jesus Christus, in dir getragen und für uns geboren.
– Maria, du hast im Geist der Versöhntheit und des Friedens gelebt und gewirkt.
– Maria, du hast Mitleid mit Menschen, die Unrecht, Terror und Krieg mitmachen müssen.
– Maria, du hast ein mütterliches Herz für die, deren Leben Hunger und Krankheit bedrohen.
– Maria, du hast besondere Sorge für die Kinder, die in bitterer Not und im Elend sind.
– Maria, du hast Erbarmen mit Gefangenen, Vertriebenen, Geschundenen und Mißbrauchten.
– Maria, du hast deine Nähe denen versprochen, die sich für den Frieden einsetzen.
– Maria, du hast schon oft Menschen und Völkern Versöhnung und Einheit erfleht.

Liebe Gottesmutter Maria, bring unsere Anliegen vor Gott, der uns helfen kann und helfen will durch Jesus Christus, unsern Herrn. Amen. (Le)

V. Die sieben Freuden und sieben Schmerzen Mariens

Maria Steinbach, Gnadenaltar, von Georg Übelhör, 1610/25

Geburt Christi, Barcelona, Anfang 13. Jahrhundert

Die sieben Freuden der Gottesmutter

Die Botschaft des Engels	Lk 1,26–38; GL Nr. 582,1–3 (O Maria, sei gegrüßt)
Die Geburt Jesu	Lk 2,8–14; GL Nr. 589,1–4 (Alle Tage) oder GL Nr.137 (Tag an Glanz)
Der Besuch der Weisen	Mt 2,1–12; GL Nr. 146,1–5 (Ein Kind geborn)
Die Auferstehung Christi	Mk 16,1–8; GL Nr. 223,1–5 (Wir wollen alle fröhlich sein)
Die Himmelfahrt des Herrn	Lk 24,46–53; Apg 1, 9–11; GL Nr. 229,1–5 (Ihr Christen …)
Die Sendung des Heiligen Geistes	Apg 1,12–14; 2,1–4; GL Nr. 249,1.2.4 (Der Geist …)
Die Aufnahme Mariens in den Himmel	1 Kor 15,20–24; GL Nr. 587,1–6 (Maria aufgenommen …)

Die sieben Schmerzen der Gottesmutter

Die Weissagung Simeons	Lk 2, 34–35; GL Nr. 896,6–7 Drücke deines Sohnes Wunden)
Die Flucht nach Ägypten	Mt 2,13–15; GL Nr. 656,1–3 (Wir sind nur Gast …)
Die Sorge um den Zwölfjährigen	Lk 2,41–52; GL Nr. 559,1–2 (Mein schönste Zier …)
Die Begegnung auf dem Kreuzweg	Lk 23,26–28; GL Nr. 584,1–2 (Christi Mutter …)
Das Sterben Jesu	Joh 19,25–30; GL Nr. 584,3 (Ach, für aller Menschen Schulden)
Die Abnahme Jesu vom Kreuz	Lk 23,53–56; Joh 19,38–40; GL Nr. 185, 13 (O seht die Mutter)
Die Grablegung Jesu	Joh 19,38–42; GL Nr. 662,1+7 (Christus, der ist mein Leben)

DIE SIEBEN WORTE DER GOTTESMUTTER

Das Wort zum Engel   Lk 1,34; GL Nr. 109,2
                                (Gott Vater, das mit Huld vernahm ...)
Das Wort zum Engel   Lk 1,38; GL Nr. 578,1–2
                                (Du nahmst an das AVE ...)
Das Wort zu Elisabeth   Lk 1,40; GL Nr. 590,1–2
                                (Maria, sei gegrüßt ...)
Das Wort zu Gott (Magnificat)   Lk 1,46–55; GL Nr. 261
                                (Den Herren will ich loben ...)
Das Wort zu ihrem   Lk 2,48; GL Nr. 590,5 (Maria, sei gegrüßt ...)
Sohn im Tempel
Das Wort zu Jesus   Joh 2,3 + 2,5; GL Nr. 593,4
auf der Hochzeit   (Dem du hast gedient ...)
Das Wort zu den Dienern   Joh 2,5; GL Nr. 594,5
                                (Du Mutter der Gnaden ...)

Gotische Madonna,
Neukirch bei Rottweil

VI. Mariengedenken im Kirchenjahr

1. Januar	Hochfest der Gottesmutter Maria	Lk 2,16–21
2. Februar	Darstellung des Herrn	Lk 2,22–40
25. März	Verkündigung des Herrn	Lk 1,26–38
2. Juli	Mariä Heimsuchung	Lk 1,39–56
15. August	Mariä Aufnahme in den Himmel	Lk 11,27–28
22. August	Mariä Königin	Lk 1,26–38
8. September	Mariä Geburt	Mt 1,18–21
12. September	Mariä Namen	Lk 1,26–38
15. September	Mariä Schmerzen	Joh 19,25–27
7. Oktober	Unsere liebe Frau vom Rosenkranz	Lk 1,26–38
8. Dezember	Mariä Erwählung	Lk 1,26-38

*Gnadenbild der Schmerzhaften
Mutter Gottes auf dem Bussen*

*Gnadenbild, Wallfahrtskirche Birnau/
Bodensee*

VII. Mariengebete

Unter deinen Schutz und Schirm fliehen wir, heilige Gottesmutter.
Verschmähe nicht unser Gebet in unseren Nöten,
sondern errette uns jederzeit aus allen Gefahren,
o du glorwürdige und gebenedeite Jungfrau,
unsere Frau, unsere Vermittlerin, unsere Fürsprecherin.
Führe uns zu deinem Sohne, empfiehl uns deinem Sohne,
stelle uns vor deinem Sohne.

(aus frühkoptischer Tradition, 4. Jahrhundert)

Sei gegrüßt, heilige Maria, hochheilige Frau,
Gottesmutter Maria, die du in Ewigkeit Jungfrau bist;
erwählt von Gott, dem Vater im Himmel,
gesegnet mit seinem liebsten Sohn und dem Heiligen Geist,
beschenkt mit der Fülle der Gnaden.
Sei gegrüßt, du Wohnung Gottes,
du sein Zelt, sein Palast.
Sei gegrüßt, bekleidet mit Gottes Gewand,
Gottes Magd und Gottes Mutter bist du.
Sei gegrüßt, du Tugendvolle,
in deren Herz wohnte Gottes Geist.
Er möge sich auch uns schenken
und aus uns Ungläubigen machen
Menschen des Glaubens und der Liebe.

(nach einem Mariengebet des hl. Franziskus, 12. Jahrhundert)

Memorare

Gedenke, o mildreiche Jungfrau Maria,
es ist noch niemals gehört worden,
dass du jemanden verlassen hättest,
der zu dir seine Zuflucht nahm,
deine Hilfe anrief
und um deine Fürsprache flehte.
Von diesem Vertrauen beseelt
eilen wir zu dir,
o Jungfrau der Jungfrauen,
Mutter, zu dir kommen wir
und erscheinen als arme Sünder
seufzend vor dir.
O Mutter des ewigen Wortes,
verschmähe unsere Worte nicht,
sondern höre und erhöre uns huldreich. Amen.

(Bernhard von Clairvaux zugeschrieben, 12. Jahrhundert)

Heilige Maria, Mutter Gottes,
sei verehrt und überall gegrüßt,
du Werk Gottes
zur Bewunderung aller Engel und Menschen.
Denn wunderbar ist dein Wesen
und überaus lobwürdig die Gnade,
die du von Gott empfangen hast.
Himmlisch erstrahlt die Glorie,
mit der Gott dich schmückte
für alle Ewigkeit.

(Albert der Große, 13. Jahrhundert)

O meine Gebieterin, o meine **Mutter,** dir bringe ich mich ganz dar.
Und um dir meine Hingabe zu bezeigen,
weihe ich dir heute meine Augen, meinen Mund,
mein Herz, mich selber ganz und gar.
Weil ich also dir gehöre, o gute Mutter,
so bewahre mich, beschütze mich
als dein Gut und als dein Eigentum.

(aus der Gebetstradition, 19. Jahrhundert)

Hilf, Maria, es ist Zeit, hilf, Mutter der Barmherzigkeit!
Du bist mächtig, uns aus Nöten und Gefahren zu erretten;
denn wo Menschenhilf gebricht, da mangelt doch die deine nicht.
Nein, du kannst das innig Flehen deiner Kinder nicht verschmähen.
Zeige, dass du Mutter bist, wo die Not am größten ist.
Hilf, Maria, es ist Zeit, Mutter der Barmherzigkeit.

(volkstümlich, 18. Jahrhundert)

Jungfrau, Mutter Gottes mein, lass mich ganz dein eigen sein.
Dein im Leben, dein im Tod, dein in Unglück, Angst und Not.
Dein in Kreuz und bittrem Leid, dein für Zeit und Ewigkeit.
Jungfrau, Mutter Gottes mein, lass mich ganz dein eigen sein.
Mutter, auf dich hoff und baue ich, Mutter, zu dir ruf und seufze ich.
Mutter, du gütige, steh mir bei. Mutter, du mächtige, Schutz mir verleih.
O Mutter, so komm, hilf beten mir. O Mutter, so komm, hilf kämpfen mir.
O Mutter, so komm, hilf leiden mir. O Mutter, so komm und bleib bei mir.
Du kannst mir ja helfen, o Mächtigste. Du willst mir ja helfen, o Gütigste.
Du mögst mir nun helfen, o Treueste.
Du wirst mir auch helfen, Barmherzigste.
O Mutter der Gnaden, der Christen Hort.
Du Zuflucht der Sünder, des Heiles Port.
Du Hoffnung der Erde, des Himmels Zier,
du Trost der Betrübten, ihr Schutzpanier.

Wer hat je umsonst deine Hilf angefleht?
Wann hast du vergessen ein kindlich Gebet?
Drum ruf ich beharrlich in Kreuz und in Leid:
Maria hilft immer, sie hilft jederzeit.
Ich ruf voll Vertrauen in Leiden und Tod: Maria hilft immer, in jeglicher Not.
So glaub ich und lebe und sterbe darauf: Maria hilft mir in den Himmel
hinauf.
Jungfrau, Mutter Gottes mein, lass mich ganz dein eigen sein.
Dein im Leben, dein im Tod, dein in Unglück, Angst und Not.
Dein in Kreuz und bittrem Leid, dein für Zeit und Ewigkeit.
Jungfrau, Mutter Gottes mein, lass mich ganz dein eigen sein. Amen.

(aus der Volksfrömmigkeit, 19. Jahrhundert)

Gnadenbild U. L. Frau von RV-Weißenau. Von Michel Erhart, um 1498

Du bist mir lieb, du werte Magd,
ich kann dich nicht vergessen.
Lob, Ehr und Zucht man von dir sagt,
du hast mein Herz besessen.
Ich bin dir hold,
und wenn ich sollt groß Unglück han,
da liegt nichts an:
du willst mich des ergetzen
mit deiner Lieb und Treu an mir,
die du zu mir willst setzen
und tun all mein Begier.
Du trägst von Gold so rein ein Kron,
da leuchten hell zwölf Sterne;
dein Kleid ist schön so wie die Sonn,
das glänzet weiss und ferne
und auf dem Mon dein Füße stohn.
Du bist die Braut,
dem Herrn vertraut,
dir ist so weh, du mußt gebären,
ein schönes Kind, den edlen Sohn
und aller Welt ein Herren,
dem du bist unterton.
Das macht dem alten Drachen Zorn,
er will das Kind verschlingen;
sein Toben ist doch ganz verlorn,
es kann ihm nicht gelingen.
Das Kind ist doch
gen Himmel hoch
genommen hin
und lässet ihn
auf Erden sehr, sehr wüten.
Du, Mutter, musst gar sein allein,
doch will dich Gott behüten
und der recht Vater sein.
(nach Martin Luther, 16. Jahrhundert)

MARIA, HILF UNS

Heilige Mutter, hilf uns, dir, der reinen Magd, ähnlich zu werden.
Hilf uns zu glauben wie du, die du den Glauben hattest, ohne zu zweifeln,
als dir der Engel von Gott die Botschaft brachte.
Hilf uns, geduldig zu sein wie du, die du nach Bethlehem zogst
und in einem Stall den Erlöser der Welt gebarst.
Hilf uns, ein inneres Leben zu führen wie du,
die du alles, was du von Jesus gesehen und gehört hast,
in deinem Herzen bewegtest.
Hilf uns, starkmütig zu sein wie du,
als deine Seele das Schwert des Leidens durchdrang.
Hilf uns, zu entsagen wie du,
da du den göttlichen Sohn zu seinem Werk von dir ließest
und ihn sterben sahest, ohne zu verzagen.
Heilige Mutter, unsere Hoffnung auf der Pilgerschaft,
führe uns, wie du uns bis jetzt geführt hast,
aus dieser dunklen Nacht in Gottes Licht.

(John Henry Newman, 19. Jahrhundert)

Liebste Mutter, wollest schauen,
auf dein Volk,
das mit Vertrauen
dich als seine Mutter ehrt,
von dir Hilf und Trost begehrt.
Segne uns in deinem Herzen,
tröste uns in unsern Schmerzen,
steh uns bei in aller Not,
zeig uns Jesus nach dem Tod.

(Hildegard von Bingen, 11./12. Jahrhundert)

Zur Mutter vom Guten Rat

Maria vom Knoten, wer hätt es gedacht,
zum erstenmal heut warst du mir gebracht.

Maria vom Knoten, wer horchte nicht drauf,
der Knoten sind viel, sie gehen nicht auf.

Maria vom Knoten, wie tröstlich das klingt:
es gibt eine Hand, die Knoten entschlingt.

Maria vom Knoten, den Knäuel hier, schau,
ich bring ihn nicht auf, hilf, heilige Frau!

Maria vom Knoten, der Knäuel bin ich,
ins Letzte verwirrt, o erbarme dich!

(Josef Weiger, 1883-1966)

Mutter des Erlösers, Gott Vater hat dich erwählt
vor der Erschaffung der Welt,
um in seiner Vorsehung den Plan seines Heils auszuführen.
Maria, du hast an seine Liebe geglaubt
und seinem Wort gehorcht.
Der Sohn nahm dich als Mutter an, als er Mensch wurde,
um sich für uns hinzugeben und uns zu retten.
Du hast ihn aufgenommen im bereitwilligen Gehorsam
und mit ungeteiltem, liebenden Herzen.
Bitt für uns, heilige Gottesmutter Maria!

(P. Johannes Paul II., 2000)

HEILIGE MUTTER DES HERRN

Unsere Vorfahren haben hier
dein Bild aufgestellt,
um dir ihr Land anzuvertrauen.
Dir wollten sie auf den Wegen des Alltags
immer wieder begegnen
und von dir das rechte Menschsein lernen;
von dir lernen, wie wir Gott finden
und wie wir so zueinander kommen können.
Sie haben dir Krone und Szepter gegeben,
weil sie wussten, dass dann die Macht
und die Herrschaft in den rechten Händen sind –
in den Händen der Mutter.
Alle Sorgen der Menschen nimmst du auf dich
und trägst sie vor den Herrn, vor deinen Sohn.
Deine Macht ist die Güte.
Deine Macht ist das Dienen.
Lehre uns, die Großen und die Kleinen,
die Herrschenden und die Dienenden,
auf solche Weise unsere Verantwortung zu leben.
Hilf uns, die Kraft des Versöhnens
und des Vergebens zu finden.
Hilf uns, geduldig und demütig zu werden,
aber auch frei und mutig,
wie du es in der Stunde des Kreuzes gewesen bist.
So bist du, den Segnenden tragend,
selbst zum Segen geworden.
Segne uns und unser Land.
Zeige uns Jesus, die gebenedeite Frucht deines Leibes.
Bitte für uns Sünder,
jetzt und in der Stunde unseres Todes. Amen.

*(P. Benedikt XVI. an der Mariensäule
in München am 9. September 2006)*

MUTTER UND HELFERIN

Maria, du Mutter und Helferin – sei gegrüßt.
Maria, du unseres Lebens Freude und Trost – sei gegrüßt.
Maria, du Barmherzige, du Gütige und Geduldige – sei gegrüßt.
Maria, du Begnadete und Beschützende – sei gegrüßt.
Maria, Mutter Jesu, schenk mir dein Herz, das so schön,
so rein, so unbefleckt, so voller Liebe und Demut ist,
damit ich würdig sein möge,
Jesus im Brot des Lebens zu empfangen,
damit ich ihn liebe, wie du ihn geliebt hast und ihm diene,
der sich unter der Elendsgestalt der Ärmsten der Armen verbirgt.
Maria, du Mutter und Helferin – sei gegrüßt,
jetzt und immer, solange ich lebe.
(Mutter Teresa von Kalkutta, 20. Jahrhundert)

MARIA, UNSERE MITPILGERIN

Den Weg zum Reich Gottes bist du gegangen, Maria.
Du kennst den Weg, die Umwege und Beschwernisse,
angefangen vom ersten Zögern,
über die Stationen Bethlehem und Nazareth
und weiter nach Jerusalem und Golgota,
vom Abendmahl bis zum Geistempfang an Pfingsten.
Dein Weg, Maria, war ein steiler und steiniger
wie kaum der Weg einer Mutter:
vom verschließenden Stein am Karfreitagabend
bis zum weggewälzten Stein am Ostermorgen.
Immer folgtest du in schweigender Liebe
den eiligen Schritten deines Sohnes,
der allen Menschen die Frohe Botschaft ihrer Rettung
und ihres Heils verkündet hat.
Maria, Mitpilgerin auf unserem Weg,
nimm uns mit, bis auch unser Weg zum Ziel finden darf.
(aus der französischen Kirche, 20. Jahrhundert)

Zu Maria, unserer Fürbitterin

Maria, wir kommen zu dir in der Not unserer Zeit.
Unsere Welt ist so gnadenlos und unmenschlich.
Viele Menschen sind ohne Recht und ohne Freiheit,
sind im Hunger, im Elend und in Krankheit.
Ihre Würde wird mit Füßen getreten,
sie werden geschlagen, mißbraucht und entehrt.
Erbitte uns von Gott sein Erbarmen, seine Rettung!

Maria, wir kommen zu dir in der Not unserer Zeit.
Unsere Welt leidet unter Terror und Kriegen.
Unzählige werden gemordet, verschleppt, kommen um,
andere verlieren ihre wenige Habe, werden vertrieben,
irren umher auf der Flucht, sind abgeschrieben.
Angst, Hoffnungslosigkeit, Verzweiflung bedrohen ihr Leben.
Erbitte uns von Gott sein Erbarmen, seine Rettung!

Maria, wir kommen zu dir in der Not unserer Zeit.
Unsere Welt hat viel von ihrer Mitte, ihrer Schönheit verloren.
Viele unter uns wissen nicht mehr, wozu sie leben,
sie haben keine Arbeit und keine sichere Zukunft mehr.
Für andere ist Gott eine leere Formel geworden,
es fehlt ihnen an Halt, Geborgenheit und wahrer Zuwendung.
Erbitte uns von Gott sein Erbarmen, seine Rettung!

Maria, wir kommen zu dir in der Not unserer Zeit.
Auch in unserer eigenen Welt gibt es manches Unerlöste.
Eheliche Menschen gehen auseinander, Familien zerrütten,
Alte und Kranke werden zur Last, Kinder verarmen innerlich,
junge Menschen gehen oft keinen guten Weg.
Sinnlosigkeit, Resignation und Selbstaufgabe haben zugenommen.
Erbitte uns von Gott sein Erbarmen, seine Rettung! (Le)

Maria, liebe Frau

Wir kommen zu dir, um dir unsere Liebe zu sagen
und dich um deine mütterliche Fürsorge zu bitten.
Wende dich den Menschen zu, die wir liebhaben,
die zu uns gehören, die in unserer Sorge sind.
Erbitte die Nähe und den Segen Gottes unseren Familien,
unseren Bekannten und Freunden.
Erflehe den Schutz Gottes unseren Kindern und Jugendlichen,
dass sie den rechten Weg durchs Leben finden.
Gib unsere alten, einsamen und kranken Leute ins Heil Gottes,
wo sie Geborgenheit und Tröstung erfahren durch gute Menschen.
Lass nicht aus deinen Augen die Armen und Notleidenden,
dass sie durch uns Beistand und Hilfe bekommen.
Bitte um das Erbarmen Gottes für alle, die Kummer und Schuld
auf ihrem Herzen haben: Schenke ihnen Jesu Versöhnung.
Lege dein mütterliches Wort ein für alle, die Angst haben
und bedrückt sind in ihrer ausweglos erscheinenden Lage.
Geleite die Sterbenden und übergib sie Jesus, deinem Sohn,
der sie hinüberbringt in die ewige, erfüllende Heimat.
Hilf uns allen zur Freude und zu neuer Zuversicht
durch den Glauben an Gott, den Vater,
durch Jesus Christus, unsern Bruder und Retter,
in der Gemeinschaft des Heiligen Geistes. Amen. (Ie)

VIII. Wallfahrts-Gebete

Wallfahrts-Psalm (121)

Ich hebe meine Augen auf zu den Bergen:
Woher kommt mir Hilfe?
Meine Hilfe kommt vom Herrn,
der Himmel und Erde gemacht hat.
Er läßt deinen Fuß nicht wanken;
er, der dich behütet, schläft nicht.
Nein, der Hüter Israels
schläft und schlummert nicht.
Der Herr ist dein Hüter, der Herr gibt dir Schatten;
er steht dir zur Seite.
Bei Tag wird dir die Sonne nicht schaden
noch der Mond in der Nacht.
Der Herr behüte dich vor allem Bösen,
er behüte dein Leben.
Der Herr behüte dich,
wenn du fortgehst und wiederkommst,
von nun an bis in Ewigkeit.

Wallfahrts-Psalm (122)

Ich freute mich, da man mir sagte:
„Zum Haus des Herrn wollen wir pilgern."
Schon stehen wir in deinen Toren, Jerusalem:
Jerusalem, du starke Stadt,
dicht gebaut und fest gefügt.
Dorthin ziehen die Stämme hinauf, die Stämme des Herrn,
wie es Israel geboten ist,
den Namen des Herrn zu preisen.

Denn dort stehen Throne bereit für das Gericht,
die Throne des Hauses David.
Erbittet für Jerusalem Frieden!
Wer dich liebt, sei in dir geborgen.
Friede wohne in deinen Mauern,
in deinen Häusern Geborgenheit.
Wegen meiner Brüder und Freunde
will ich sagen: In dir sei Friede.
Wegen des Hauses des Herrn, unseres Gottes,
will ich dir Glück erflehen.

ALTÖTTINGER PILGERGEBET

O Maria, hilf! O Maria, hilf!
O Maria, hilf doch mir!
Ein armer Sünder kommt zu dir.
Im Leben und im Sterben
lass uns nicht verderben!
Lass uns in keiner Todsünd sterben!
Steh uns bei im letzten Streit,
o Mutter der Barmherzigkeit!

Gnadenmutter von Altötting, 14. Jahrhundert

PILGERGEBET AUS EINSIEDELN

Jungfrau und Gottesmutter Maria,
breite deinen Mantel über alle,
die vertrauensvoll zu dir pilgern
oder aus der Ferne auf deinen Schutz vertrauen.
Tritt ein am Throne Gottes
für die Jungen und die Alten,
für die Kranken und die Verzweifelnden,
für die Armen und die Einsamen,
für uns Sünder.
Sei uns allen Vorbild und Mutter des Glaubens,
damit wir fest gegründet seien
in der Liebe des Dreifaltigen Gottes,
des Vaters und des Sohnes und des Heiligen Geistes. Amen.

Einsiedeln, Gnadenbild,
Mitte 15. Jahrhundert

WALLFAHRTSGEBET IN KEVELAER

Sei gegrüßt, Mutter unseres Erlösers und unsere Mutter!
Deiner Liebe und Fürsprache empfehlen wir
die Gesunden und die Glücklichen:
Erhalte in ihnen Freude und Dankbarkeit
und mach sie wach und hilfsbereit
für die Not ihrer Mitmenschen.

Deiner Liebe und Fürsprache empfehlen wir
die Schwachen, Kranken und Leidenden:
Erbitte ihnen Gesundheit an Leib und Seele,
den Trost und das Heil Gottes:
hilf ihnen, ihr Leid zu tragen.

Deiner Liebe und Fürsprache empfehlen wir
die Einsamen, Verlassenen und Trauernden:
Lass sie erfahren, dass du unter dem Kreuz Jesu
unsere Mutter geworden und allen nahe bist,
die deiner Hilfe besonders bedürfen.

Deiner Liebe und Fürsprache empfehlen wir
alle Menschen, die Kinder und Jugendlichen,
die Erwachsenen und Altgewordenen:
Erbitte für sie die Gnade des Lebens,
die Treue im Glauben und die Liebe des Herzens,
dass sie auf dem Weg der Nachfolge Christi sind.

Deiner Liebe und Fürsprache empfehlen wir
unsere Kirche und unsere Gemeinden:
Erflehe für uns alle und unsere Mitchristen
die Erneuerung im Heiligen Geist
und das glaubwürdige Bekenntnis in Wort und Tat.

Heilige Mutter Maria,
lehre uns Christus entgegen-
zugehen,
unserem wiederkommenden
Herrn und Retter,
in dessen Gemeinschaft du lebst
und für uns eintrittst
jetzt und alle Tage und in Ewigkeit. Amen.

*(aus dem Gebet P. Johannes Paul II.
in Kevelaer 1987)*

*Kevelaer,
Gnadenkapelle*

Wallfahrtskirche La Salette

Mariengebet von La Salette

Mutter der Versöhnung,
öffne unsere Herzen für deinen Sohn.
Erbitte uns die Gnade,
ihn über alles zu lieben
und so auch dich zu trösten
durch ein Leben zur Ehre Gottes
und in der Liebe zu den Menschen. Amen.

Pilgergebet in Lourdes

Maria, du ganz Reine, du bist gebenedeit unter den Frauen,
du Mutter Christi und Mutter der Menschen.
Wir kommen zu dir wie Bernadette und flehen zu dir voller Vertrauen.

Hilf uns, dass wir uns das freie und verfügbare Herz bewahren,
dass wir im Gebet die Zärtlichkeit Gottes verspüren,
und dass wir unseren Platz beim Aufbau der Kirche einnehmen.

Durch dich, Maria, bitten wir Jesus, deinen Sohn,
dass er uns in seiner Gnade von der Sünde befreie,
dass er in uns den Glauben, die Hoffnung und die Liebe mehre,
dass er aus jedem von uns frohe Zeugen seiner Frohbotschaft mache.
Er, der lebt, von Ewigkeit zu Ewigkeit. Amen.

Mariengebet vom Montserrat

Gott, du Spender alles Guten, der du diesen auserwählten Berg
durch die besondere Verehrung der Mutter deines eingeborenen Sohnes
verherrlichst,
gewähre uns, dass wir durch die mächtige Hilfe der unbefleckten,
allzeit jungfräulichen
Mutter Maria zum Berg, der Christus ist, sicher gelangen mögen.
Durch denselben Christus, unsern Herrn. Amen.

SCHÖNSTATT – ZUR DREIMAL WUNDERBAREN MUTTER, KÖNIGIN UND SIEGERIN

Weihegebet:
O meine Gebieterin,
o meine Mutter ... (siehe Seite 46)

All mein Denken, all mein Sinnen,
all mein Beten, all mein Minnen,
all mein Leiden und mein Freuen,
all mein Lieben und Verzeihen,
alles, liebe Mutter mein,
leg ich in die Hände dein.

All die Armen und Verirrten,
von des Zweifels Not Verwirrten,
alle, die da mutlos zagen,
die am Lebensschicksal tragen,
die nicht Fried und Freud gefunden,
sollen an dem Quell gesunden.

Ich bau auf deine Macht und deine
Güte, vertrau auf sie mit kind-
lichem Gemüte.
Ich glaub, vertrau in allen Lagen
blind auf dich, du Wunderbare
und dein Kind!

Lourdes, Grotte der hl. Jungfrau, 19. Jh.

Schönstatt, Dreimal Wunderbare Mutter

ZUR SCHWARZEN MADONNA
VON TSCHENSTOCHAU

Gnadenmutter von Tschenstochau,
erbitte für mich das Heil deines Sohnes Jesus Christus.
Mach meinen Glauben stark,
dass ich ihn bekenne und lebe.
Erflehe für mich die treue Liebe zur Kirche
und die ersehnte Gnade...
Mutter mit dem verwundeten Antlitz,
nimm mich, meine Familie und alle Freunde
in deine Arme und in deine Obhut.
Voll Zuversicht vertraue ich auf deine mütterliche Fürsprache
durch ihn, Jesus Christus, unseren Herrn. Amen.

Tschenstochau, Schwarze Madonna   *Mariazell, Wallfahrts-Basilika*

IX. Rosenkranz-Meditationen und -Gebete

Die Perlenkette mit 60 Rosenperlen ist ein besinnlich-betrachtendes Gebet, die Urform christlicher Meditation. Wie eine Schnur, wie ein Geländer, an dem wir entlang gehen, an dem wir uns halten und von dem wir uns halten lassen können. Und das in sieben Schritten: Wir betrachten ein Gesätz, ein Geheimnis aus dem Leben Jesu. Wir verweilen dabei. Wir wiederholen es zehn mal (oder auch weniger). Wir lassen es in uns einfallen. Es bewegt sich in unserem Herzen hin und her, wie es von Maria heißt (Lk 2,19). Wir behalten es im Herzen und versuchen, daraus zu leben.

Der Rosenkranz, so läßt sich sagen, ist eine Wiederholung von christlichen Grundgebeten (Glaubensbekenntnis, Ehre sei dem Vater, Vaterunser, Gegrüßet seist du, Maria) in zehn mal angemessenen Zeiteinheiten. Dabei entspricht das Rosenkranzgebet dem Rhythmus und auch der Monotonie, dem Gleichmaß unseres Lebens: Wir lösen uns aus Hektik und Druck, wir suchen Stille und Beschaulichkeit, wir dürfen zur inneren Ruhe und Mittung kommen. Das Gebet öffnet – eröffnet uns den Weg nach innen, dorthin, wo Gott in uns wohnt.

Die Anfänge des Rosenkranzgebetes reichen zurück ins 15. Jahrhundert. Ein Kartäuser aus Trier, Dominikus von Preußen (1384–1460), führte es ein. Weite Verbreitung fand es durch die im Jahr 1475 von Jakob Sprenger gegründete Kölner Rosenkranzbruderschaft. Der Rosenkranz wird auch dem hl. Dominikus (um 1170–1221) zugeschrieben; er soll das Gebet von der Muttergottes selbst anvertraut bekommen haben. Diese Überlieferung gehört jedoch eher zum Legendenkranz um den Heiligen. Bereits vorher – im 2.–4. Jahrhundert – soll das wiederholende Jesusgebet bei den orientalischen Wüstenmönchen mit den Zusätzen „O Gott, komm mir zu helfen. Herr, eile mir zu helfen" (Ps 69,2 und Ps 70,2) sowie mit der Kyrie-Anrufung „Herr, erbarme dich!" bekannt gewesen sein. Von frühen irischen Mönchen wird ähnliches berichtet. Die Jesus-Anrufungen beten ebenso die byzantinischen Mönche, besonders auf dem Berg Athos: „Herr Jesus

Ulmer Münster, Besserer-Kapelle, Glasfenster, 15. Jahrhundert

Christus / erbarme dich meiner!"
(beim Einatmen und Ausatmen).
Allmählich wird das Rosenkranzgebet zum Laienpsalter, zum Brevier
des Gottesvolkes. Das Volksgebet ist
wie ein Kompendium des Evange-
liums: Christus, der heilende und rettende, begegnet uns. Seine heiligen
Mysterien wollen ihre Fortsetzung
finden in unserem eigenen Leben.

Am Rosenkranz scheiden sich die Geister. Die einen sehen ihn nur als Gebet von naiv-glaubenden, von alten und von kranken Menschen. Die anderen lehnen ihn ab als Geleier und Geplapper, als eine zu mechanische, gedankenlose antiquierte Gebetsform. In Wahrheit ist der Rosenkranz eine meditative und wiederholende Frömmigkeitsform, eine wahre Kunst der betrachtenden Andacht; mehr als ein Zählgerät und bestimmtes Zeitmaß der Betrachtung, mehr als eine Rezitationskette oder christliche Gebetsschnur, ähnlich wie die im Hinduismus, Buddhismus, Islam.

In unseren Tagen wird der Rosenkranz wiederentdeckt – auch von jungen Menschen – als ein „spiritueller Herzschrittmacher", als ein „geistlicher Hometrainer". Viele sehnen sich nach dieser „Zeitinsel", nach diesem Raum des Verweilens und Begegnens mit Gott in seinem Geheimnis, in seinem menschgewordenen Wort Jesus Christus. Die Rosenkranzperlen können so zu Ankerperlen werden, die uns im Glauben festmachen und die uns unseres Glaubens froh werden lassen.

Zusammenfassend: Das Rosenkranzgebet ist ein zutiefst auf Christus bezogenes Gebet. Wir gedenken des Lebens, der Freuden, der Leiden, der Verherrlichung Christi und erwarten sein Kommen in Herrlichkeit. Wir betrachten das Mysterium unseres Herrn im Glauben und mit dem Herzen Marias. Für P. Johannes Paul II. (+2005) heißt Rosenkranzbeten: „Mit Maria das Antlitz Christi betrachten." Und Romano Guardini (+1968) sagt: Das Rosenkranzgebet bedeutet „das Verweilen in der Lebenssphäre Mariens, deren Inhalt Christus war". Und: „Durch das Schauen und Verweilen, Preisen und Bitten in der Nähe des Mariendaseins rührt dich das Geheimnis des Christendaseins. Es wird gerufen, atmet, wächst, entfaltet sich in dir".

Rosenkranzbeter beim Blutritt/ Weingarten

Eröffnung des Rosenkranz-Gebetes

Im Namen des Vaters und des Sohnes und des Heiligen Geistes. Amen.
Ich glaube an Gott, den Vater, den Allmächtigen, den Schöpfer des Himmels und der Erde ...
(siehe GL Nr. 2,5)

Ehre sei dem Vater und dem Sohn und dem Heiligen Geist, wie im Anfang, so auch jetzt und alle Zeit und in Ewigkeit. Amen.

Vater unser im Himmel, geheiligt werde dein Name ...
(siehe GL Nr. 2,4)

Gegrüßet seist du, Maria, voll der Gnade, der Herr ist mit dir. Du bist gebenedeit unter den Frauen, und gebenedeit ist die Frucht deines Leibes, Jesus, der in uns den Glauben vermehre.
Heilige Maria, Mutter Gottes, bitte für uns Sünder jetzt und in der Stunde unseres Todes. Amen.
(siehe Gotteslob Nr. 2, 6)

Gegrüßet seist du, Maria, voll der Gnade, der Herr ist mit dir. Du bist gebenedeit unter den Frauen, und gebenedeit ist die Frucht deines Leibes, Jesus, der in uns die Hoffnung stärke. Heilige Maria ...

Gegrüßet seist du, Maria, voll der Gnade, der Herr ist mit dir. Du bist gebenedeit unter den Frauen, und gebenedeit ist die Frucht deines Leibes, Jesus, der in uns die Liebe entzünde. Heilige Maria ...

Ehre sei dem Vater und dem Sohn und dem Heiligen Geist ...

Vater unser ...

Gegrüßet seist du, Maria ... und gebenedeit ist die Frucht deines Leibes, ...
(Jetzt werden die Gesätze des gewählten Rosenkranzes gebetet, jeweils zehn Mal.

Wir können unserem Rosenkranzbeten eine Intention, eine Meinung, ein An-liegen geben, zum Beispiel beim ersten Gesätz des Schmerzhaften Rosen-kranzes: Für alle, die es schwer haben in ihrem Leben, die Ängste durchleiden müssen, die verzagt sind in ihrer Lebens- und Todesnot ... Abgeschlossen wird jedes Gesätz mit dem Lobpreis an Gott, mit dem „Ehre sei dem Vater ...".
Diese Doxologie kann auch gesungen werden nach einem bekannten Psalm-ton (siehe GL Nr. 685,2 oder ähnlichen).

Freudenreicher Rosenkranz

1. ... Jesus, den du, o Jungfrau, vom Heiligen Geist empfangen hast.
Jes 7,10–15 / Lk 1,28; 1,31–32
e m p f a n g e n
Dazu braucht's offene Hände und das offene Herz. Gott schenkt sich da hinein – in unsere Offenheit und Leere. Maria ist ein solcher Mensch. Sie sagt „Ja" zu Gottes Heilsplan, glaubend und vertrauend und wagend. – Und empfängt Gottes Leben – für die ganze Menschheit, für die ganze Welt. Gott kommt durch die kleine Magd in unser Leben. Völlig gratis, in seiner Gratia – in seiner Gnade.
GL Nr. 581,1–6 (Ave Maria klare ...)

2. ... Jesus, den du, o Jungfrau, zu Elisabeth getragen hast.
1 Sam 2,1–10 / Lk 1,41–42; 1,44
t r a g e n
Die gesegnete Begegnung zweier schwangeren Frauen: Sie tragen einan-der das Leben entgegen. Was ich trage, ist mir nahe. Im Tragen wird der Mensch fruchtbar. Das Getragene wird meine Frucht. Was ich trage, reift und läßt auch mich reifen. Im Tragen ist große Hoffnung. Dafür lobpreisen die beiden Frauen, Maria und Elisabeth, Gott, den wunderbaren Geber aller Gaben, den Woller und Schöpfer des Lebens – und welchen Lebens! GL Nr. 261,1–3 (Den Herren will ich loben...) oder GL Nr. 589,1–4 (Alle Tage sing und sage...)

3. ... Jesus, den du, o Jungfrau, geboren hast.

Jes 9,1–6 / Lk 2,7; Joh 1,14

g e b ä r e n

Der nicht fassliche Gott wird fasslich, sichtbar, greifbar, liebbar. Er gibt sich in unser Fleisch und Blut, wird armer, hilfsbedürftiger, angewiesener Mensch. Maria trägt ihn aus und bringt ihn zur Welt, ihn, die Frucht aus Heiligem Geist und menschlichem Ja-Wort. Maria, seine Mutter, ist ihm Brücke – von der Ewigkeit in die Zeitlichkeit. Von nun an steht die Welt unterm Zeichen des göttlichen, rettenden Kindes.

GL Nr. 583,1–4 (Ave Maria zart ...) oder GL Nr. 577,1–2.4 (Maria, Mutter unsres Herrn ...)

4. ... Jesus, den du, o Jungfrau, im Tempel aufgeopfert hast.

Ex 13,1–2.11–16 / Lk 2,22.34

h e r g e b e n

Jesus gehört allen Menschen. Er ist nicht Mariens Besitz und Anspruch; er ist Gottes Lehen, gegeben für alle. Deshalb nimmt sie ihr Kind an und schenkt es weiter. Sie gibt ihr Kind in die Hand Gottes: Er soll führen und fügen. Und sie gibt ihr Kind in die Hände der Menschen: Sie sollen verfügen und verbrauchen. Wagnis der Liebe! Liebe weitet das eigene Herz – für Gott und für andere. Liebe kann loslassen und hergeben.

GL Nr. 951,2 (Dich als Mutter zeige ...)

5. ... Jesus, den du o Jungfrau im Tempel wiedergefunden hast.

Ez 43,4–12 / Lk 2,46–47

w i e d e r f i n d e n

Unser Leben verläuft in der Spannung von Nehmen und Geben, von Einsamkeit und Gemeinschaft, von Verstandenwerden und Unverstandensein, von Verlust und Wiederfinden – meist in schmerzlichen Prozessen. Auf welcher Ebene hat Maria ihren Sohn wiederfinden dürfen? Oft müssen wir verlieren (auch in der Skepsis und im Zweifel), um Menschen und Gott neu zu entdecken und zu finden. Entscheidend ist, dass Gott selber uns immerwährend sucht, um uns zu finden in allem und für immer.

GL Nr. 893,1–4 (Stern im Lebensmeere ...)

LICHTREICHER ROSENKRANZ
(P. Johannes Paul II. am 16. 10. 2002)

1. ... Jesus, der von Johannes getauft worden ist.
Röm 6,4 / Mk 1,9–11

g e t a u f t

Jesus läßt an sich die Umkehr- und Bußtaufe vollziehen. Er gibt Schuld und Sünde der ganzen Menschheit in die reinigenden Wasser des Jordan, läßt sie davonschwemmen. Jesu erlösende Taufe ist sein Abstieg in den Tod und sein Aufstieg in die Auferstehung, ins glückseligmachende Leben Gottes. Das ist auch unser Weg in der Nachfolge: Jesus nach, mit ihm sterben, um mit ihm auch aufzuerstehen. Mit diesem unauslöschlichen Merkmal ist der Christ gezeichnet. Das ist unsere Zuversicht. Daran wird man uns erkennen.
GL Nr. 635,1–3 (Ich bin getauft ...)

2. ... Jesus, der sich bei der Hochzeit in Kana offenbart hat.
Gen 49,11 / Joh 2,3–5; 2,11

g e w a n d e l t

Jesus verwandelt nicht nur die Verlegenheit des Brautpaares in seine Gelegenheit, um seine Doxa, die Herrlichkeit Gottes, den Menschen zu offenbaren. Mit Jesus beginnt die Hochzeit des Bräutigams mit seiner Braut, der Neue Bund im Becher seines Heiles, den er uns reicht zur Fülle des Leben, zu unserer Freude und zu unserem Glück. Und das Wunderbare: Immer ist der noch bessere Wein für uns aufgehoben! Das Fest Gottes mit der Menschheit ist eröffnet. Von nun an gilt das neue Gebot, die Weisung zur Liebe – bis zur Vollendung (Offb 19,7 / Mt 25,10).
GL Nr. 551,1+2;4+5 (Schönster Herr Jesu ...)

3. ... Jesus, der uns das Reich Gottes verkündet hat.
Ps 22,29 / Mk 1,14 / Lk 11,20

v e r k ü n d e t

Jesus ist Wanderprediger. Er spricht die Menschen an und spricht sich ihnen zu. Seine Verkündigung will unseren Glauben an Gott wecken, will uns neugierig machen auf das Schon-Daseiende und für das Noch-Kommende. Berührt sollen wir werden vom Göttlichen und offen sollen wir werden

für das Göttliche. – Das Reich Gottes, seine Wirklichkeit und Wirkmächtigkeit, beginnt unter uns Menschen immer mit unserer Einkehr, mit unserer Bekehrung, mit unserer Umkehr: Weg vom bisherigen egozentrischen Weg, hin zum theozentrischen Weg, der zu Gottes Wahrheit und zu seinem Leben führt!
GL Nr. 642,1–3 (Eine große Stadt ersteht …)

4. … Jesus, der auf dem Berg verklärt worden ist.
Ex 24,15–18 / Mk 9,2–4
v e r k l ä r t
Vor den Leidensaussagen die Herrlichkeitsaussagen im Leben Jesu! So überliefern es uns die Evangelisten. Die Jünger Jesu sollen, wenn es ins Leiden hineingeht mit dem Gottesknecht (sie sind auf dem Weg nach Jerusalem, hinauf ans Kreuz), an ihm nicht irre werden und nicht aufgeben. Will heißen: Jede „Taborstunde" in unserem Leben möchte uns bestärken, auch die leidende Liebe und das liebende Leiden für den Herrn anzunehmen und durchzustehen. Jesus macht uns offenbar: Die Aussichten „danach" und die Zuversichten auf die kommende Verheißung. Und wir können uns auf den „geliebten Sohn" verlassen.
GL Nr. 564,2+4+5 (Christus Sieger …)

5. … Jesus, der uns die Eucharistie geschenkt hat.
Gen 14,18–20a / 1 Kor 11,23–25 / Lk 22,15 / Mk 14,22–25
v e r m ä h l e n
Die Quelle, die Mitte, der Höhepunkt unseres Glaubens ist: Der sich im Mahl verschenkende und im Opfer hingebende Herr – zur Vermählung, zur innigsten Gemeinschaft mit den Seinen. Wenn wir die große Danksagung, die Eucharistie, feiern zu Christi Gedächtnis, dann erinnern wir uns an sein Leben und Lieben, an sein Sterben und Auferstehen, die fortwirken zu unserer Rettung, zu unserem Heil heute. Indem wir Christi Testament erfüllen, dürfen wir des Kyrios Treue und Liebe im Besonderen erfahren: Der Herr selber ruft dadurch seine Gemeinde zusammen und auferbaut sie, ist ihre eigentliche Mitte, ihr Leben.
GL Nr. 537,1–3 (Beim letzten Abendmahle …) oder GL Nr. 542,1–2 (Sakrament der Liebe Gottes …)

Schmerzhafter Rosenkranz

1. ... Jesus, der für uns Blut geschwitzt hat.

Jes 24,7-12 / Lk 22,44–45

a n g s t – h a b e n

Der Kern jeder Angst ist Todesangst. Jesu Leben, seine Mitte ist bedroht. Er ahnt, was ihm bevorsteht. Und er erfährt Enge, erleidet Todesangst, so sehr, dass er Blut schwitzt. Der Herr geht in die letzte Unausweichlichkeit und Ohnmacht. Er ist ausgesetzt dem letzten Zerbruch: „Vater, wenn es möglich ist, dann bewahre mich vor dieser Verlassenheit und vor diesem Sterben. Aber dein Wille geschehe an mir!" Jesus gibt sich, gibt sich drein, gibt sich her.

GL Nr. 896,2–3 (Welch ein Schmerz ...)

2. ... Jesus, der für uns gegeißelt worden ist.

Jes 50,4–10 / Lk 23,20–22

g e q u ä l t – w e r d e n

Menschen lassen sich an einem Menschen aus, und wie! Ohne Mitleid, sadistisch, brutal, gnadenlos. Der Mensch, der keine Liebe hat, braucht einen Feind. Es ist wirklich besser, in die Hände des lebendigen Gottes zu fallen (2 Sam 24,14). – Jesus läßt solche verhärtete Menschen ganz nahe an sich heran. Seine Nähe sollen sie verspüren. Seine Liebe will auflieben, will sie heilen, weil sie viel zu leiden vermag.

GL Nr. 896,4–5 (Ach, für seiner Brüder Schulden ...)

3. ... Jesus, der für uns mit Dornen gekrönt worden ist.

Klgl 3,1–15 / Mt 27,28–29

g e k r ö n t – w e r d e n

In Jesu Dornenkrone, die Menschen ihm aufsetzen, ist aller Spott und Hohn, ist alle Erniedrigung und Demütigung dieser Welt hineingeflochten. Leugner und Hasser suchen sein Ansehen und seine Anerkennung zu verspotten und zu zertreten. Jesu königliches Sein aber können sie nicht antasten. Er ist Herr und erhabener König in innerer Würde und Größe – der demütige Diener aller.

GL Nr. 896,6–7 (Drücke deines Sohnes Wunden ...)

4. ... Jesus, der für uns das schwere Kreuz getragen hat.

Jes 42,1–9 / Lk 23,26

t r a g e n

Im Kreuz treffen sich die Senkrechte und die Waagrechte unseres Lebens: Gott und Mensch, Freiheit und Gesetz, Liebe und Sünde, Leben und Tod. Jesus ist die Mitte eines jeden Kreuzes. In ihm vereinen sich alle Linien, Fluchten, Richtungen, Wirklichkeiten. Er nimmt das Kreuz auf sich, er trägt es, er bleibt drunter, er umarmt es: Die Liebe hat die Kraft dazu. Die Menschen am Kreuzweg Jesu – seine Mutter Maria, Simon von Cyrene, Veronika, die Frauen von Jerusalem – tragen mit ihm in ihrem Mitleid und werden doch von ihm getragen.

GL Nr. 896,8–9 (O du Jungfrau ...)

5. ... Jesus, der für uns gekreuzigt worden ist.

Jes 24,1–9 / Lk 23,46

s t e r b e n

Das Kreuz ist der Nullpunkt: Ende und Wende, Abbruch und Aufbruch, Finsternis – auch Gottesfinsternis – und Anbruch des Lichtes. Durch diesen Punkt geht Jesus, ergeben in das ihm Aufgegebene, der Schuldlose für die Schuldigen, für uns erleidend in letzter Hingabe. Am Balken der Sünder wird er zu unserer Befreiung und Versöhnung und Erlösung. So kann nur Gott lieben. Eine größere Liebe hat sonst niemand: Jesus, die rettende und versöhnende Liebe Gottes für uns!

GL Nr. 896,1+10 (Christi Mutter ...) oder GL Nr. 584,1+5 (Christi Mutter ...)

GLORREICHER ROSENKRANZ

1. ... Jesus, der von den Toten auferstanden ist.

Jona 2,1–11 / Lk 24,4–7

auferstehen

Wir Menschen müssen den Tod mit seinen Dunkelheiten, Schrecken, Verzweiflungen, mit Zerbruch und Vergehen ausleiden. – Auferstehung ist das ganz Andere, das Neue, das Unvorstellbare. Sie ist nicht Verlängerung des Alten. Sie ist Neuschöpfung, das Hineingenommen-werden in eine andere Dimension: „Kein Auge hat's gesehen…" (1 Kor 2,9). – Jesus lebt, das erleben und bekennen die Osterzeugen, glaubhaft, bis zu ihrem Lebensopfer. Wer zu Jesus gehört, mit ihm stirbt, der wird mit ihm auferstehen (Joh 14,19). Unter dieser Verheissung dürfen wir leben.

GL Nr. 213,1-3 (Christ ist erstanden …) oder GL Nr. 576,1–4 (Freu dich, du Himmelskönigin)

2. ... Jesus, der in den Himmel aufgefahren ist.

2 Kön 2,5–11 / Mk 16,15,19–20

heimgehen

Jedes Leben ist Unterwegssein und Heimgehen in die endgültige und erfüllende Heimat. Erst da und dann erfüllt sich unsere Sehnsucht; sie ist in uns eine unheilbare Krankheit, bis sie von Gott ganz geheilt wird. Jesus geht uns zu Gott voraus: heim zum Vater. Wir haben die Verheißung, dass er uns in der Herrlichkeit des Himmels eine Wohnung bereitet und für uns bereithält (Joh 14,2). Unser himmlischer Vater wartet auf uns!

GL Nr. 229,1–3 (Ihr Christen hoch …) oder GL Nr. 585,1–3 (Laßt uns erfreuen …)

3. ... Jesus, der uns den Heiligen Geist gesandt hat.

Joël 3,1–5 / Apg 1,8; 2,1–4 / Joh 14,23–31a

geistlichwerden

Wir sind nicht allein gelassen: In unsere Geistlosigkeit, in unseren Ungeist kommt Gottes heiliger und heilender und heiligender Geist. Dieser Geist ist das innerste Wesen Gottes, seine Mitteilung an uns, seine unverdiente Gabe: Licht, Leben, Kraft, Liebe, Beistand, Hilfe. Immer Gabe für uns: Begabung, Charisma, Ausstattung zum Zeugnis und Bekenntnis in der Welt.

„Jesus, der von den Toten auferstanden ist"; Ulmer Münster, gotischer Flügelaltar

Und das in und durch Zeichen: Im Wasser, Feuer, Wind, in Feuerzungen, im Symbol der Taube; durch Erweckte und Propheten, durch Apostel und Rufer. – Maria ist inmitten der wartenden und bittenden Kirche. Wie sie, sollen auch wir empfangen – den Geist von oben, der uns zu geist-vollen Menschen machen will.

GL Nr. 245,1–3 (Komm Schöpfer Geist ...)

4. ... Jesus, der dich, o Jungfrau, in den Himmel aufgenommen hat.

1 Kön 8,1–9 / 1 Kor 15,20–23 / Lk 1,46–50

a u f g e n o m m e n

Maria mit Leib und Seele, mit ihrer ganzen Person ist in die Erlösung und Herrlichkeit Gottes hineingenommen worden. Das ist der frühe Glaube der Kirche; das Dogma von 1950 durch P. Pius XII. bestätigt diesen Glauben. Am Nachthimmel der Zeit ist die Hohe Frau zum Zeichen des von Gott erwählten, begnadeten, geliebten Menschen geworden gegen das Unmenschentum (I. Weltkrieg mit 10 Millionen Toten, Bolschewistische Revolution von 1918 fordert 40 Millionen Tote, der II. Weltkrieg 50 Millionen Tote, ungezählte Heimatvertriebene, Geschändete, Entwürdigte, 7 Millionen Juden im Holocaust). Maria wird zum großen Zeichen, dass Gott uns Menschen liebt, dass er uns retten und hinüberretten wird.

GL Nr. 587,1–6 (Maria aufgenommen ist ...)

5. ... Jesus, der dich, o Jungfrau im Himmel gekrönt hat.

Sirach 24,1–12 / Lk 1,51–55

g e k r ö n t

Im Symbol der Krone wird Gott jedem, der seine Weisung befolgt und Jesus nachgefolgt, sein Leben geben (Offb 2,10). Maria ist für uns Zeichen dieser Hoffnung, sie, unsere Schwester im Glauben, die Dienstmagd Gottes, die Jüngerin des Herrn, die Weiserin zu Christus, die Fürsprecherin in unserer Not. Gott hat sich ihrer erbarmt (Magnifikat) und sie vollendet: Alles ist Gnade und die Gnade ist alles! „Von Gottes Gnade bin ich, was ich bin" (1 Kor 15,10). „Lobpreise meine Seele den Herrn" (Lk 1, 46)!

GL Nr. 588,1–3 (Sagt an, wer ist doch diese ...) oder Ps 103 (GL Nr. 742,2)

Trostreicher / endzeitlicher Rosenkranz

1. ... Jesus, der als König herrscht.
    Ez 37,21–28 / Joh 18,33–37
h e r r s c h e n
Jesus führt das Reich Gottes herauf. Es ist mit ihm angebrochen, wenn auch noch nicht voll ausgebrochen. Jetzt hat er noch mit widergöttlichen und antimenschlichen Mächten zu kämpfen. Aber dieses sein Reich wird sich durchsetzen. Friede und Gerechtigkeit, Wahrheit und Leben, Einheit und Liebe, sie werden kommen, immer mehr, bis Gottes Sache obsiegt. Christus wird der Erste und Letzte sein, das Alpha und das Omega. Die Menschen und die Völker fallen nieder und beten an; sie geben sich unter das Zepter der Liebe Gottes in Christus (Phil 2,9).
GL Nr. 560,1–4 (Gelobt seist du ...)

2. ... Jesus, der in seiner Kirche lebt und wirkt.
    Jes 52,13–53 / Joh 15,1–8
w i r k e n
Jesus ist die Mitte der christlichen Gemeinde, er ist ihr Kopf, ihr Herz, ihre Seele, ihr Leben: Gott hat ihn gesalbt zum Haupt der Gemeinde (Eph 1,20; 5,23). Diese Zusicherung will uns Ermutigung und Getrostmachung sein. Nicht wir sind die „Macher" und Letztverantwortlichen. Er, der lebendige und Leben – spendende Herr, fügt und führt, korrigiert und weist an, segnet und behütet, erweckt und macht lebendig. „Warum habt ihr solche Angst?" (Mk 6,45–52). Christus ist und bleibt im Schiff seiner Kirche. Und wo er ist, brauchen wir um Katastrophen-Untergänge nicht zu fürchten.
GL Nr. 639,3–5 (Die Kirche ist erbaut ...)

3. ... Jesus, der wiederkommen wird in Herrlichkeit.
    Jes 62,1–12 / Lk 21,25–33
w i e d e r k o m m e n
Die Naherwartung der ersten christlichen Gemeinden prägte sie – ihr Wachen und Beten, ihre Entschiedenheit und Dynamik. Mit der Zeit lahmte jedoch ihr Eifer, ihre Ausschau, ihre Hoffnung (= Ausgespanntsein). Dennoch: Christusjünger stehen unter dieser Verheißung: Ich komme wieder! (Joh

*Maria mit dem Kind, Pfarrkirche St. Martin in Wangen/Allgäu,
19. Jahrhundert*

14, 3) Die Intention von Jesu Wiederkommen aber ist: Unser Leben und das Leben der ganzen Welt heimzuholen in Gottes Vollendung und Herrlichkeit. Die ganze Schöpfung wird an ihr Ziel kommen. – Das Wiederkommen des Herrn – schon heute im Wort, im Heilszeichen, in der Geschichte – muss unser Leben motivieren und bestimmen: Es geht dem entgegenkommenden Herrn entgegen!
GL Nr. 568,1+4 (Komm, Herr Jesus ...)

4. ... Jesus, der richten wird die Lebenden und die Toten.
Jes 35,1–9 / Mt 25,31–46
r i c h t e n
Jahrhunderte waren vom Richter-Bild Christi bestimmt. Michelangelo's Weltgericht in der Sixtinischen Kapelle im Vatikan mag eindrücklich für viele stehen. Der gerechte Herr scheidet die Bösen von den Guten, die Verworfenen von den Geretteten. Vermutlich sind wir es selber, die sich im Lichte Gottes richtig sehen und recht beurteilen. –
Aber auch das andere wird gelten: Jesus wird uns als der Liebende Gottes nicht „hinrichten", wohl aber „herrichten" für und „ausrichten" auf Gott, unser letztes Gut. 2 Tim 4,1; 2 Thess 3,5: „Der Herr aber richte euere Herzen zu der Liebe Gottes, dass ihr unbeirrt wartet auf Christus Jesus."
GL Nr. 556,1+3 (Völker alle Land ...)

5. ... Jesus, der alles vollenden wird.
Jes 66,18–23 / Mt 28,16–20
v o l l e n d e n
Es ist der Wille des göttlichen Vaters – so Jesus –, dass er sein Heilswerk zu Ende und zur Vollendung führt (Joh 4,34; 17,4). Unser irdisches Stückwerk wird dann zum Ganzen, unser Unvollkommenes wird zum Vollkommenen, unsere Heillosigkeit zum umfassenden und glückseligmachenden Heil. Das heißt doch auch: Das verlorengegangene Paradies wird uns zurückgeschenkt. Und viel mehr dazu. Dann wird Gott uns alles in allem sein. Das ist der Himmel, das ist die wunderbare und heilvolle Heimat. Wer würde sich nicht danach sehnen!
GL Nr. 662,1–3 (Christus, der ist mein Leben ...)

Rosenkranz für Kinder und Familien

(Vorschlag: Dreimal „Gegrüßet seist du, Maria ..." mit dem jeweiligen Glaubensgeheimnis, etwa „... Jesus, den du, o Jungfrau geboren hast". Dann kann der dazu passende Vers „Du trägst das Gotteskind im Arm ..." gesungen werden auf die Melodie: „Es blühn drei Rosen ...", siehe Marienlieder)

I. Freudenreicher Rosenkranz

1. Der Engel grüßt die Jungfrau rein, o Maria. Du sollst die Mutter Gottes sein, o Maria.
   O Maria, sei gegrüßt, du unsre gute Mutter bist, unsre Mutter bist.
2. Du bist so hochgebenedeit, o Maria. Elisabeth dir Lob bereit, o Maria.
   O Maria ...
3. Du trägst das Gotteskind im Arm, o Maria. Bitt dass es unser sich erbarm, o Maria. O Maria ...
4. Im Tempel opferst du das Kind, o Maria. Hilf, dass wir rein von Sünden sind, o Maria. O Maria ...
5. Im Tempel findest du das Kind, o Maria. Erstaunt dort alle Lehrer sind, o Maria. O Maria ...

II. Lichtreicher Rosenkranz

1. Bei meiner Taufe rief er mich, o Maria. Ich weiss, zu ihm gehöre ich, o Maria. O Maria ...
2. Er zeigt mir Wunder jeden Tag, o Maria. Ich seh, was Gott, der Herr, vermag, o Maria. O Maria ...
3. Er hält für uns den Himmel offen, o Maria. Darauf wir dürfen alle hoffen, o Maria. O Maria ...
4. Wenn wir ihn auch nicht sehen können, o Maria. Es ist genug, dass wir ihn kennen, o Maria. O Maria ...
5. Er gibt sich selbst in Brot und Wein, o Maria. Das soll sein Angedenken sein, o Maria. O Maria ...

III. Schmerzhafter Rosenkranz

1. Dein Sohn betrübt zum Ölberg geht, o Maria. In Todesangst zum Vater fleht, o Maria. O Maria ...
2. Gegeißelt hat man deinen Sohn, o Maria. Bitt du für uns an Gottes Thron, o Maria. O Maria ...
3. Mit Dornen ward dein Sohn gekrönt, o Maria. Wüst angespuckt und frech verhöhnt, o Maria. O Maria ...
4. Die Kreuzeslast drückt ihn so sehr, o Maria. Doch unsre Sünden noch viel mehr, o Maria. O Maria ...
5. Du stehst beim Kreuz so schmerzensreich, o Maria. Kein Leid kommt euren Leiden gleich, o Maria. O Maria ...

IV. Glorreicher Rosenkranz

1. Christ ist erstanden von dem Tod, o Maria. Er wende von uns alle Not, o Maria. O Maria ...
2. Dein Sohn fuhr auf zum Himmelreich, o Maria. Er mache uns den Heilgen gleich, o Maria. O Maria ...
3. Dein Sohn send uns den Heilgen Geist, o Maria. Der uns den Weg zum Himmel weist, o Maria, O Maria ...
4. Mit Leib und Seel seit deinem Tod, o Maria. Bist du im Himmel nah bei Gott, o Maria. O Maria ...
5. Du bist gekrönt vor Gottes Thron, o Maria. O bitt für uns bei deinem Sohn, o Maria. O Maria ...

V. Trostreicher Rosenkranz

1. Als König, Herrn, verehr ich ihn, o Maria. Als Bruder aber lieb ich ihn,
   o Maria. O Maria ...
2. Er lädt zum Tisch uns alle ein, o Maria. Mit ihm in seinem Haus zu sein,
   o Maria. O Maria ...
3. Er ist bei uns an jedem Tag, o Maria. Vom ersten bis zum letzten Tag,
   o Maria. O Maria ...
4. Er ist wahrhaftig und gerecht, o Maria. Zeigt uns, was gut ist und was
   schlecht, o Maria. O Maria ...
5. Wir glauben, dass bei ihm allein, o Maria. Wird Heil und Licht und Frieden sein, o Maria. O Maria ...
   (Verfasser unbekannt; die Geheimnisse des Lichtreichen und Trostreichen
   Rosenkranzes von Margarete Westerholt)

Anregung zu weiteren Rosenkranz-Gesätzen

Rosenkranz der Barmherzigkeit
1. ... Jesus, der uns Verlorenen nachgeht.
2. ... Jesus, der uns Sündern vergibt.
3. ... Jesus, der mit uns Gemeinschaft will.
4. ... Jesus, der uns sein Leben gibt.
5. ... Jesus, der uns Gottes Heil schenkt.

Rosenkranz vom Guten Hirten
1. ... Jesus, der die Verlaufenen nicht vergißt.
2. ... Jesus, der den Verlorenen nachgeht.
3. ... Jesus, der die Verstrickten befreit.
4. ... Jesus, der die Verwundeten heimträgt.
5. ... Jesus, der die Gefundenen aufrichtet.

Rosenkranz für unsere Familien
1. ... Jesus, gib uns Verstehen und Zusammenhalt.
2. ... Jesus, gib uns die Kraft, für einander da zu sein.
3. ... Jesus gib uns die Geduld, einander durchzutragen.
4. ... Jesus, gib uns die Treue, beieinander zu bleiben.
5. ... Jesus, gib uns die Liebe, uns zu Gott zu führen.

ROSENKRANZ-GESÄTZE IN MANCHEN ANLIEGEN

ROSENKRANZ FÜR KRANKE
1. ... Jesus, der du dich der Kranken erbarmst.
2. ... Jesus, der du die Kranken segnest.
3. ... Jesus, der du die Kranken tröstest.
4. ... Jesus, der du die Kranken heilst.
5. ... Jesus, der du die Kranken liebst.

ROSENKRANZ DER BEFREIUNG
1. ... Jesus, befreie uns aus Enge und Egoismus.
2. ... Jesus, befreie uns von Kritiksucht und Urteil.
3. ... Jesus, befreie uns von Schuld und Sünde.
4. ... Jesus, befreie uns zum Verstehen und Lieben.
5. ... Jesus, befreie uns zur Weite und Barmherzigkeit.

ROSENKRANZ ZUR MARIEN-WALLFAHRT
1. ... Jesus, der uns Maria zur Schwester gegeben.
2. ... Jesus, der uns Maria zur Fürsprecherin gegeben.
3. ... Jesus, der uns Maria zur Mutter gegeben.
4. ... Jesus, der uns Maria zur Hilfe gegeben.
5. ... Jesus, der uns Maria zum Vorbild gegeben.

Krönung Mariens,
Mittelalterliche
Handschrift,
14. Jahrhundert

1. ... Jesus, der von seiner Mutter empfangen wurde.
2. ... Jesus, der von seiner Mutter getragen wurde.
3. ... Jesus, der von seiner Mutter geboren wurde
4. ... Jesus, der von seiner Mutter begleitet wurde.
5. ... Jesus, der von seiner Mutter geliebt wurde.

ROSENKRANZ AUF DER PILGERSCHAFT

1. Jesus, zeige uns / mir deinen Weg. (Ps 25,4)
2. Jesus, führe uns auf deinem Weg. (Ps 139,24)
3. Jesus, behüte uns auf deinem Weg. (Ps 91,11)
4. Jesus, leuchte uns auf deinem Weg. (Ps 119,105)
5. Jesus, vollende uns auf deinem Weg. (Ps 16,11)

1. Jesus, du bist immer bei uns auf dem Weg.
2. Jesus, du gehst mit uns durch finsteres Tal
3. Jesus, du achtest auf unsern unsicheren Schritt.
4. Jesus, du bist das Licht über unserem Pfad.
5. Jesus, du führst uns zum Quell des Lebens. (nach Ps 23 und 91)

ROSENKRANZ DER ÜBERGABE

1. Jesus, dir übergebe ich meine Sorgen.
2. Jesus, dir übergebe ich meine Ängste.
3. Jesus, dir übergebe ich meine Leiden.
4. Jesus, dir übergebe ich mein Versagen.
5. Jesus, dir übergebe ich mein ganzes Leben.

ROSENKRANZ UM DEN FRIEDEN

1. Jesus, du bist Gottes Friede. (Eph 2,14)
2. Jesus, du hast Frieden gestiftet am Kreuz. (Kol 1,20)
3. Jesus, du schenkst Frieden zu jeder Zeit. (2 Thess 3,16)
4. Jesus, du zeigst uns den Weg zum Frieden. (Lk 1,79)
5. Jesus, du erweckst Menschen des Friedens. (Röm 14,19)

Rosenkranz für die Kirche (nach Offb 21)

1. Jesus, du liebst die Kirche als deine Braut.
2. Jesus, du erneuerst und heiligst die Kirche.
3. Jesus, du leitest und bewahrst die Kirche.
4. Jesus, du machst die Kirche zur Wohnstatt Gottes.
5. Jesus, du führst die Kirche hinüber zur neuen Stadt.

Rosenkranz für Priester

1. Jesus, der du die Gnade priesterlicher Berufung schenkst.
2. Jesus, der du die Priester stärkst, deinen Weg zu gehen.
3. Jesus, der du die Priester sendest, für Gott und Menschen da zu sein.
4. Jesus, der du den Priestern dein Wort und Sakrament anvertraust.
5. Jesus, der du die Priester treu und sorgend führst.

Rosenkranz zu einem Heimgang

1. Jesus, du bist unseres Bruders / unserer Schwester Tod mitgestorben.
2. Jesus, du wirst sein / ihr Leben vollenden in Barmherzigkeit.
3. Jesus, du läßt ihn / sie teilhaben an deiner seligen Auferstehung.
4. Jesus, du führst ihn / sie in die ewige Heimat des Vaters.
5. Jesus, du stehst allen Trauernden und Einsamen bei.

Zu Christus-Geheimnissen

1. Jesus, du Weg der Pilger.
2. Jesus, du Licht der Menschen.
3. Jesus, du Brot des Lebens.
4. Jesus, du Wahrheit Gottes.
5. Jesus, du Tür zum Vater.

1. Jesus, du treuer Bruder
2. Jesus, du gütiger Versöhner
3. Jesus, du heilender Arzt
4. Jesus, du liebender Erlöser
5. Jesus, du rettender Heiland

1. Jesus, der getragen unsere Not.
2. Jesus, der erlitten unseren Tod.
3. Jesus, der als Sieger auferstand.
4. Jesus, der die Sünde überwand.
5. Jesus, der uns Menschen liebt.
(6. Jesus, der uns das Leben Gottes gibt.)

1. Jesus, du unser Menschenbruder.
2. Jesus, du unser Gottes-Heil.
3. Jesus, du unser Leidensknecht.
4. Jesus, du unser Sündenheiland.
5. Jesus, du unser Befreier und Erlöser.

1. Jesus, der die Kinder liebt.
2. Jesus, der den Sündern vergibt.
3. Jesus, der die Kranken heilt.
4. Jesus, der die Hungrigen speist.
5. Jesus, der uns allen Liebe erweist.

Im Schoß der Mutter, Thurgau/Schweiz, 11. Jahrhundert

X. Der Kreuzweg unseres Herrn Jesus Christus

1. Station: verurteilt   Joh 19,12–16a; GL Nr. 180,1+4
(Herzliebster Jesu ...)
2. Station: getragen   Joh 19,16b–17; GL Nr. 179,4
(Was du, Herr ...)
3. Station: gefallen   Jes 53,4–7; GL Nr. 185,3
(O Herr, du wankst ...)
4. Station: getröstet   Joh 19,25–27; GL Nr. 584,4
(Drücke deines Sohnes ...)
5. Station: geholfen   Mt 31b–32; GL Nr. 185,5
(Es half dir einer ...)
6. Station: ermutigt   Jes 52,14; GL Nr. 163,1
(Aus tiefer Not ...)
7. Station: ohnmächtig   Röm 8,32; GL Nr. 166,2
(So laßt uns nun ...)
8. Station: bemitleidet   Lk 23,27–28; GL Nr. 185,8
(Du redest mahnend...)
9. Station: erschöpft   Jes 53,2–3; GL Nr. 188,5
(Wie schwer ist doch ...)
10. Station: entehrt   Mt 27,28; GL Nr. 187,1–2
(Da Jesus ...)
11. Station: angenagelt   Lk 23,32–33; GL Nr. 192
(Durch seine Wunden ...)
12. Station: vollbracht   Mt 25,45–50; GL Nr. 161,1–3
(Gottes Lamm ...)
13. Station: zurückgegeben   Joh 19,28–30; GL Nr. 178,1–4
(Wir danken dir ...)
14. Station: hinabgestiegen   Joh 19,38–42; GL Nr. 620,1–3
(Das Weizenkorn ...)
15. Station: auferstanden   Joh 20,24–29; GL Nr. 218,1+4+5
(Gelobt sei Gott ...)

Madonna, Münsterportal Freiburg i. Br., 1270/80

XI. Segensworte

– Gottes Gnade kam über Maria, und sie empfing vom Heiligen Geist.
Seine Gnade erwecke auch in uns sein göttliches Leben.
– Christi Rettung kam durch seine Menschwerdung in unsere Welt.
Seine Erlösung befreie auch uns von allem Bösen.
– Gottes Geist heiligte Maria und umfing sie mit seiner Liebe.
Sein Geist erfülle auch uns mit seiner reichen Güte.
Das gewähre uns der Dreieine Gott, der Vater und der Sohn und
der Heilige Geist.
Amen. (Le)

– Gott hat die Dunkelheit dieser Welt erhellt mit seinem Licht.
Er erleuchte unsere Herzen.

– Gott hat seinen Sohn in die Welt gesandt, dass er sie rette.
Er befreie und heile unser aller Leben.

– Gott hat uns durch Maria den Heiland geboren, unseren Herrn
und Bruder.
Er führe uns seinen guten, behüteten Weg.
Das schenke uns allen Gott, der Vater und der Sohn und der Heilige
Geist. Amen. (Le)

– Jesus ging den Weg des Leidens und der Schmerzen;
Maria, seine Mutter, folgte ihm nach auf seinem Weg.

– Jesus ist am Kreuz gestorben und hat sein Leben vollendet;
Maria, seine Mutter, stand unterm Kreuz und hielt bei ihm aus.

– Jesus trägt der Menschen Not und Last und Kreuz;
Maria, seine Mutter, bittet für alle Kranken und Leidenden.

So gebe uns Gott die Kraft aus Glauben,
damit auch wir durch Kreuz und Leid kommen dürfen
zur Herrlichkeit und Vollendung in ihm,
dem Vater, Sohn und Heiligen Geist. Amen. (Le)

– Gott, der Vater, der seinen Sohn auferweckt hat,
gebe uns die Zuversicht auf das ewige Leben.

– Gott, der Sohn, der uns zur Wiedergeburt berufen hat,
gebe uns die Gnade aus der Taufe.

– Gott, der Heilige Geist, der uns durch seine Herabkunft zu Zeugen ge-
macht, gebe uns mit den Aposteln und Maria den Mut zum Bekenntnis.
Das gewähre uns der treue Gott, der Vater und der Sohn und der Heilige
Geist. Amen. (Le)

– Gott, der gute Vater, schenke uns die frohmachende Liebe,
  mit der er Maria, die Mutter seines Sohnes, liebt.

– Jesus Christus, die gesegnete Frucht der Jungfrau Maria,
  gebe uns die Gesundheit des Leibes, des Geistes, der Seele.

– Der Heilige Geist, der in der Gottesmutter Maria Wohnung nahm,
  sei auch in uns und lasse uns erfahren seinen Frieden und sein Leben.
  So segne und liebe uns Gott, der Vater und der Sohn und der Heilige
  Geist. Amen. (Le)

– Auf die Fürsprache Mariens
  führe uns Gott den rechten Weg durchs Leben.

– Auf die Fürsprache Mariens
  bewahre uns Gott auf dem Weg vor aller Gefahr.

– Auf die Fürsprache Mariens bringe uns Gott auf seinem Weg in sein
  bleibendes Leben. Das schenke uns Gott, der Dreifaltige und Dreieine,
  der Vater und der Sohn und der Heilige Geist: Amen. (Le)

– Maria, liebe Frau, dich hat Gott erwählt zur Mutter Jesu.
  Erbitte auch uns, dass wir unserer Berufung treu bleiben.

– Maria, liebe Frau, dich hat Gott geliebt als die im Glauben Gehorsame.
  Erbitte auch uns, dass wir in allem Gottes Weisung tun.

– Maria, liebe Frau, dich hat Gott gesegnet unter allen Frauen.
  Erbitte auch uns, dass wir zum Segen für andere werden.
  Dazu gebe uns die Gnade der gute Gott,
  der Vater und der Sohn und der Heilige Geist. Amen. (Le)

XII. Marienlieder

Schöne Madonna,
Eriskirch, um 1400

Im Gotteslob die Nummern
570 – 595;
außerdem die Marienlieder
in jedem Diözesan-Anhang

Auf, ihr Christen, allzumal,
singet heut mit Jubelschall:
Sei gegrüßt, Maria!
Seht die Mutter schön im Glanze,
preiset sie im Rosenkranze.
Sei gegrüßt, Maria!

Du der Christen Trost und Freud,
Mutter der Barmherzigkeit,
sei gegrüßt, Maria!
Froh erschallen unsre Weisen,
deinen hohen Ruhm zu preisen.
Sei gegrüßt, Maria!

(volkstümlich, 18./19. Jahrhundert)

BUSSENLIED

Ich grüße dich, Maria, Jungfrau rein,
du Mutter Gottes, voll der schönsten Gaben,
die du für alle willst auch Mutter sein,
die keine Hilfe, keine Mutter haben.
Du Hoffnung aller, die im Elend leben,
Maria, nur du kannst mir noch Trost und Hoffnung geben.

Maria, nimm auch mich als Kind zu dir
und halt mir deine Mutterarme offen;
und bringe wieder Ruh und Frieden mir,
du, meine Mutter, du mein letztes Hoffen.
Bei dir hab jederzeit ich Hilf gefunden,
Maria, dein Name schon ist Balsam meinen Wunden.

Wenn alle Trübsal auf mich niederfällt,
wenn sich der Himmel schließt vor meinen Sünden,
wenn alles mich verläßt auf dieser Welt,
wo soll ich dann noch Hilf und Rettung finden?
Es ist allein dein Nam' gebenedeiet,
Maria, dein Name ist der einzig, der mich freuet.

Und wenn für mich einst kommt die letzte Stund,
wenn Sinn und Red und Sprach mir will vergehen,
so sei das Letzte noch aus meinem Mund,
bevor ich muss vor Gottes Richtstuhl stehen:
Jesus, Maria, Josef, diese Namen;
Maria, in diesen Namen leb und sterb ich. Amen.

(Oberschwäbisches Wallfahrtslied, um 1880)

Den Herren will ich loben, es jauchzt in Gott mein Geist;
denn er hat mich erhoben, dass man mich selig preist.
An mir und meinem Stamme hat Großes er vollbracht,
und heilig ist sein Name, gewaltig seine Macht.

Barmherzig ist er allen, die ihm in Ehrfurcht nahn;
die Stolzen läßt er fallen, die Schwachen nimmt er an.
Es werden satt aufstehen, die arm und hungrig sind;
die Reichen müssen gehen, ihr Gut verweht im Wind.

Jetzt hat er sein Erbarmen mit Israel vollbracht,
sein Volk mit mächtgen Armen gehoben aus der Nacht.
Der uns das Heil verheißen, hat eingelöst sein Wort.
Drum werden ihn lobpreisen die Völker fort und fort.

(Marie Luise Thurmair, 1971; nach dem Magnificat, Melodie: GL Nr. 261)

*Gnadenbild Heiligenbronn/
Schramberg*

Mariahilf über Passau

Die Schönste von allen, von fürstlichem Stand,
kann Schönres nicht malen ein englische Hand:
Maria mit Namen; an ihrer Gestalt
all Schönheit beisammen, Gott selbst wohlgefallt.

Ihr Haupt ist gezieret mit goldener Kron,
das Zepter sie führet am himmlischen Thron;
ein sehr starke Heldin, mit englischem Schritt
der höllischen Schlange den Kopf sie zertritt.

Wohlan denn, o Jungfrau, der Jungfrauen Bild,
von Tugenden strahlend, mit Gnaden erfüllt,
mit Sternen geschmücket, die Sonne dich kleidt;
die Engel, den Himmel dein Anblick erfreut.

Die Sterne verlöschen, die Sonn, die jetzt brennt,
wird einstens verdunkeln, und alles sich endt.
Doch du wirst erstrahlen noch lang nach der Zeit
in himmlischer Glorie durch all Ewigkeit.

(aus Lothringen, 1927)

৩৩

Es blühn drei Rosen auf einem Zweig. O Maria.
Sie blühn all drei ins Himmelreich. O Maria.
O Maria, überall wir grüßen dich viel tausendmal, viel tausendmal.

Was trägt Maria auf ihrem Arm? O Maria.
Ein kleines Kind, das sich unser erbarm. O Maria. O Maria, überall …

Was trägt Maria in ihrer Hand? O Maria.
Ein Zepter, das hat ihr der Sohn erlangt. O Maria. O Maria, überall …

Was trägt Maria auf ihrem Haupt? O Maria.
Eine Krone, die hat ihr der Herr erlaubt. O Maria. O Maria, überall …

(aus Schlesien, 1840)

Es blüht den Engeln wohlbekannt
in Gottes Paradiese,
die schönste Ros aus heilgem Land,
an Farb und Duft so süße.
Sie übertrifft der Sonne Glanz,
ihr Schein durchdringt die Himmel ganz,
auf wunderbare Weise.

Die schönste Rose, die ich mein,
die alle Welt erfreuet,
bist du, Maria, Jungfrau rein,
von Gott gebenedeiet.
Du Gott des Vaters Tochter bist,
du wahre Mutter Jesu Christ,
du Braut des Heilgen Geistes.

Drum, kein Geschöpf im Himmel ist
dir, Jungfrau, zu vergleichen;
die du nach Gott die Höchste bist,
all Schönheit muss dir weichen.
All Engel in des Himmels Saal,
die lieben Heiligen allzumal,
dir ihre Palmen reichen.

Maria, liebste Mutter du,
sei Zukunft auch der Sünder.
Schenk unsern Herzen Fried und Ruh,
wir sind ja deine Kinder.
Erwirk den Herzen Reu und Leid,
wann geht zu Ende unsre Zeit –
führ uns zu deinem Sohne!

(volkstümlich, 18. Jahrhundert)

Es blüht der Blumen eine auf ewig grüner Au;
wie diese blühet keine, so weit der Himmel blau.
Wenn ein Betrübter weinet, getröstet ist sein Schmerz,
wenn ihm die Blume scheinet ins leidenvolle Herz.

Und wer vom Feind verwundet zum Tode niedersinkt,
von ihrem Duft gesundet, wenn er ihn gläubig trinkt.
Die Blume, die ich meine, sie ist euch wohlbekannt,
die Fleckenlose, Reine, Maria wird genannt.

Maria ist's , die Süße, die Lilie auserwählt,
die ich von Herzen grüße, die sich der Geist vermählt.
Maria ist's, die Reine, die also lieblich blüht,
dass in so lichtem Scheine der Rosen keine blüht.

(volkstümlich, 19. Jahrhundert)

*Stuppacher Madonna, Ausschnitt,
Matthias Grünewald, 1519*

Geleite durch die Wellen
das Schifflein treu und mild,
zur heiligen Kapelle,
zu deinem Gnadenbild.
Und hilf uns in den Stürmen,
wenn sich die Wogen türmen.
Maria, Maria, o Maria hilf!

Und die verlassen klagen
im Sturm und Frost und Wind,
die unterdrückt, geschlagen,
verwaist und hilflos sind,
wenn jeder Trost verschwunden
den Kranken, Todeswunden.
Maria, Maria, o Maria hilf!

Erbitt von Gott uns Frieden,
erbitt uns Heiligkeit.
Vereine, was geschieden,
versöhne, was im Streit,
dass wir zu deinen Füßen
als G´schwister dich begrüßen.
Maria, Maria, o Maria hilf!

Geleit uns durch die Wellen
zu deinem Gnadenort,
zum ewig sonnenhellen,
geweihten Friedensport,
dass dort das Schifflein lande
am liebsten Heimatstrande.
Maria, Maria, o Maria hilf!

(rheinisch, Bornhofen,
18. Jahrhundert)

Marc Chagall, hl. Mutter mit Kind,
20. Jahrhundert

Glorwürdige Königin, himmlische Braut,
milde Fürsprecherin, reinste Jungfrau!
Wende, o wende voll himmlischer Ruh
deine barmherzigen Augen uns zu.

Mutter der Gütigkeit, Mutter des Herrn,
über die Himmel weit leuchtender Stern!
Wende, o weiseste Führerin du,
deine barmherzigen Augen uns zu!

Glänzende Lilie, Ros ohne Dorn,
Quell aller Glorie, Seligkeitsborn!
Wende, o mildeste Trösterin du,
deine barmherzigen Augen uns zu!

Pforte der Seligkeit, Reinigkeitsschild,
Schutzwehr der Christenheit, selig und mild!
Wende, o mächtige Schützerin du,
deine barmherzigen Augen uns zu!

(volkstümlich, 19. Jahrhundert)

In Gottes Namen fahren wir, nach seiner Gnad begehren wir.
Verleih uns die aus Gütigkeit, o heiligste Dreifaltigkeit.
Kyrieleison.

In Gottes Namen fahren wir, zu Gott, dem Vater, rufen wir.
Behüt uns, Herr, vorm ewgen Tod und sei uns Hilf in aller Not.
Kyrieleison.

In Gottes Namen fahren wir, zu Jesus Christus flehen wir,
dass er durch all die Marter sein uns mache von der Sünde rein.
Kyrieleison.

In Gottes Namen fahren wir, vom Heilgen Geist begehren wir,
dass er mit seiner Gnade Schein uns allzeit woll im Herzen sein.
Kyrieleison.

In Gottes Namen fahren wir, zu dir, Maria, kommen wir.
Bitt du für uns am Himmelsthron, erlang uns Gnad bei deinem Sohn.
Kyrieleison.

In Gottes Namen fahren wir, auf seine Tröstung hoffen wir.
Gib Frieden uns in dieser Zeit, wend von uns alles Herzeleid.
Kyrieleison.

In Gottes Namen fahren wir, auf seine Hilfe harren wir.
Die Frucht der Erde uns bewahr und schenk uns ein gesegnet Jahr.
Kyrieleison.

In Gottes Namen fahren wir, kein andern Helfer wissen wir.
Vor Krankheit, Krieg und Hungersnot behüt uns lieber Herre Gott.
Kyrieleison.

In Gottes Namen fahren wir, dein Reich, o Herr, begehren wir.
Bewahr dein Kirch vor falscher Lehr und unser Herz zur Wahrheit kehr.
Kyrieleison.

In Gottes Namen fahren wir, dich, Herr, allein anbeten wir.
Vor allem Übel uns bewahr und hilf uns zu der Heilgen Schar.
Kyrieleison .

(Wallfahrerlied, Text und Weise 16. Jahrhundert)

Jungfrau wir dich grüßen, o Maria hilf!
Fallen dir zu Füßen, o Maria hilf!
O Maria schütz uns all, hier in diesem Jammertal.

Wollst uns Hilf verleihen, o Maria hilf!
Uns vom Leid befreien, o Maria hilf! O Maria schütz uns all ...

Aus der Sünde Ketten, o Maria hilf!
Wollest uns erretten, o Maria hilf! O Maria schütz uns all ...

Hungersnot abwende, o Maria hilf!
Trost den Armen spende, o Maria hilf! O Maria schütz uns all ...

Hilf uns all auf Erden, o Maria hilf!
Dass wir selig werden, o Maria hilf! O Maria schütz uns all ...

Wann die Seel muss scheiden, o Maria hilf!
Wollst du sie geleiten, o Maria hilf! O Maria schütz uns all ...

(volkstümlich, 19. Jahrhundert)

Gnadenbild vom Schönenberg / Ellwangen

LOURDES-LIED

Die Glocken verkünden mit fröhlichem Laut das Ave Maria so lieb und vertraut:
Ave, ave, ave Maria – ave, ave, ave Maria!

Der Engel geleitet mit sorgender Hand das Kind Bernadette an des Flusses Rand. Ave ...

Auf Massabiell schaut's ein strahlendes Licht, wie solches entstanden, begreift es wohl nicht. Ave ...

„O sprich, schöne Dame, was willst du von mir? Was immer dein Wunsch, ich erfülle ihn dir." Ave ...

„Gehorsames Kind, ich verspreche dafür, dich glücklich zu machen im Himmel, nicht hier." Ave ...

„Geh hin zu der Quelle! Ihr Wasser so rein, es soll dies ein schönes Geschenk von mir sein." Ave ...

„O himmlische Dame, ich bitte dich, sprich! Wie ist doch dein Name? Wie heisset man dich?" Ave ...

Die sündlos Empfangne", so spricht sie, „bin ich, die makellos Reine. Nun kennst du mich." Ave ...

Die Grotte, die ehmals verlassen und wild, sie schmückt jetzt ihr heiliges, himmlisches Bild. Ave ...

O leite und führe uns, himmlischer Stern, zum Himmel, zur Heimat, zu Gott, unserm Herrn. Ave ...

(volkstümlich, 19. Jahrhundert, aus 40 Strophen ausgewählt)

Maria, Maienkönigin, dich will der Mai begrüßen,
o segne ihn mit holdem Sinn und uns zu deinen Füßen,
Maria, Jungfrau, auserwählt, gesegnetste der Frauen,
durch dich kam Gottes Sohn zur Welt: auf deine Hilf wir bauen.

Dir, Mutter, sind wir anvertraut durch Jesu Wort im Leiden;
zeig allen, die dein Bild geschaut, den Trost der ewgen Freuden.

Maria, unsre Königin, du Magd des Herrn hienieden,
wir tragen Leid und Not dir hin: erbitt uns Gottes Frieden.

Du Frau, die Gottes Größe preist: uns deinen Glauben lehre.
Dem Vater, Sohn und Heilgen Geist in Ewigkeit sei Ehre!

(Text: Guido Görres, Weise: Anselm Schubiger, 1845 /
Neufassung: K. H. Zeiß & E. Hofmann, 1978/86)

෯

Meerstern, ich dich grüße, o Maria, hilf!
Gottesmutter süße, o Maria hilf!
Maria, hilf uns allen aus unsrer tiefen Not.

Quelle aller Freuden, o Maria hilf!
Trösterin in Leiden, o Maria hilf! Maria, hilf uns allen …

Rose ohne Dornen, o Maria hilf!
Du von Gott Erkorne, o Maria hilf! Maria, hilf uns allen …

Lilie ohnegleichen, o Maria hilf!
Dir die Engel weichen, o Maria hilf! Maria, hilf uns allen …

Quelle aller Freuden, o Maria hilf!
Trösterin in Leiden, o Maria hilf! Maria, hilf uns allen …

Hoch auf deinem Throne, o Maria hilf!
Aller Jungfraun Krone, o Maria hilf! Maria, hilf uns allen …

Gib ein reines Leben, o Maria hilf!
Sichre Reis daneben, o Maria hilf! Maria, hilf uns allen …

Dich als Mutter zeige, o Maria hilf!
Gnädig uns zuneige, o Maria hilf! Maria, hilf uns allen ...
Nimm uns in die Hände, o Maria hilf!
Uns das Licht zuwende, o Maria hilf! Maria, hilf uns allen ...
Hilf uns Christum flehen, o Maria hilf!
Fröhlich vor ihm stehen, o Maria hilf! Maria, hilf uns allen ...
(aus „Geistliche Volkslieder", 1850)

ᘒ

Milde Königin gedenke, wie's auf Erden unerhört,
dass zu dir ein Pilger lenke, der verlassen wiederkehrt.
Nein, o Mutter, weit und breit schallt's durch deiner Kinder Mitte,
dass Maria eine Bitte nicht gewährt, ist unerhört, unerhört in Ewigkeit.

Hast du, Mutter, deinen Kindern deine Hilfe je verneint?
Hat man jemals eine Träne, Mutter, dir umsonst geweint? Nein, o Mutter ...

Mutter, Jungfrau der Jungfrauen, sieh, ich eile hin zu dir.
Sieh, ich komme voll Vertrauen, hilf, o Mutter, hilf auch mir! Nein, o Mutter ...

Ach, erhöre meine Worte, führ mich einst zu deinem Sohn,
öffne mir die Himmelspforte, dass ich ewig bei dir wohn! Nein, o Mutter ..

(volkstümlich, 19. Jahrhundert)

Stuppacher Madonna, Matthias Grünewald, 1519

Nun Brüder, sind wir frohgemut, so will es Gott gefallen!
Die Seelen singen uns im Blut, nun soll ein Lob erschallen!
Wir grüßen dich in deinem Haus, du Mutter aller Gnaden.
Nun breite deine Hände aus, dann wird kein Feind uns schaden.

Es lobt das Licht und das Gestein gar herrlich dich mit Schweigen.
Der Sonne Glanz, des Mondes Schein will deine Wunder zeigen.
Wir aber kommen aus der Zeit ganz arm in deine Helle
und tragen Sünde, tragen Leid zu deiner Gnadenquelle.

Wir zünden froh die Kerzen an, dass sie sich still verbrennen,
und lösen diesen dunklen Bann, dass wir dein Bild erkennen.
Du Mutter und du Königin, der alles hingegeben,
das Ende und der Anbeginn, die Liebe und das Leben.

Lass deine Lichter hell und gut an allen Straßen brennen!
Gib allen Herzen rechten Mut, dass sie ihr Ziel erkennen!
Und führe uns in aller Zeit mit deinen guten Händen,
um Gottes große Herrlichkeit in Demut zu vollenden!

(T: Georg Thurmair, W: Adolf Lohmann, 1936, Altenberger Wallfahrerlied)

☙

Rosenkranzkönigin, Jungfrau der Gnade! Lehre uns wandeln auf
himmlischen Pfaden.
Freudig erheben wir unser Gebet zu dir, Jungfrau, Jungfrau der Gnade.

Rosenkranzkönigin, Mutter, du reine! Gib, dass dir unser Herz ähnlich
erscheine.
Schirme uns allezeit, treulich im Kampf und Streit, Mutter, Mutter, du Reine.

Rosenkranzkönigin, Fürstin, du hehre! Flehe bei deinem Sohn,
dass er gewähre,
was von dem Himmel kommt und uns zum Heile frommt.
Fürstin, Fürstin, du hehre.

Rosenkranzkönigin, Pforte des Lebens! Lass uns nicht flehn zu dir, rufen
vergebens.

Ein Wort zu deinem Sohn schenkt uns ja Gnadenlohn. Pforte, Pforte des Lebens.

Rosenkranzkönigin, unser Vertrauen! Lass uns in Leid und Not fest auf dich bauen.

Bis in der Selgen Kreis, grüßt dich in Lob und Preis, unser, unser Vertrauen.

(volkstümlich, 19. Jahrhundert)

∽

Segne du, Maria, segne mich, dein Kind, dass ich hier den Frieden, dort den Himmel find;
segne all mein Denken, segne all mein Tun. Lass in deinem Segen Tag und Nacht mich ruhn.

Segne du, Maria, alle, die mir lieb, deinen Muttersegen ihnen täglich gib.
Deine Mutterhände breit auf alle aus; segne alle Herzen, segne jedes Haus.

Segne du, Maria, jeden, der da ringt, der in Angst und Schmerzen dir ein Ave singt.

Reich ihm deine Hände, dass er nicht erliegt, dass er mutig streite,
dass er endlich siegt.

Segne du, Maria, unsre letzte Stund. Süße Trostesworte sag mir dann dein Mund.
Deine Hand, die milde, drück das Aug uns zu, bleib im Tod und Leben unser Segen du.

(Text: Cordula Wöhler, Weise: Karl Kindsmüller, 1870)

Stern im Lebensmeere

Mutter, sei gegrüßet, Jungfrau,
die den Himmel selig uns auf-
schließet.
Mutter, wir flehen, bitt für uns
und deinem Sohn empfehle
uns, o Jungfrau Maria.

Ave, Mutter, wende diesen
Gruß zum Glücke; was uns Eva
raubte, kehr in dir zurücke.
Mutter, wir flehen ...

Zeige dich als Mutter, dass bei
deinem Kinde deiner Kinder
Flehen durch dich Gnade
finde.
Mutter, wir flehen ...

Wollst ein reines Leben,
sichern Weg bereiten, dass wir
Jesus schauen froh in Ewig-
keiten.
Mutter, wir flehen ...

Lob sei Gott, dem Vater, Ehre
seinem Sohne, mit dem Heilgen Geiste eins auf ewgem
Throne.
Mutter, wir flehen ...

*(volkstümlich,
19. Jahrhundert)*

*Maria Ohnmacht, 15. Jahrhundert,
Weggental/Rottenburg*

Vesperbilder Wallfahrtslied

Ich gehe, wenn ich traurig bin,
zur lieben Mutter Gottes hin,
und alles Leid und allen Schmerz
vertrau ich ihrem Mutterherz.

Der Sohn in seiner Leidensnacht
Hat sie als Mutter uns vermacht,
uns helfen ist ihr Mutterpflicht,
Maria, sie vergisst das nicht.

Manch Herz ist an Erbarmen reich,
Mariens Herz ist keines gleich.
Des Kindes Leid, des Kindes
Schmerz
fühlt nur so recht ihr Mutterherz.

Drum geh', hast du betrübten Sinn,
nur gleich zur Mutter Gottes hin,
und alles Leid und allen Schmerz
erzähle ihrem Mutterherz.

Und sie, die Mutter Königin,
verschafft dir wieder frohen Sinn.
Drum felsenfest dich ihr vertrau',
sie ist ja unsere liebe Frau.

Nicht nur in Not, Bedrängnis, Leid –
Nein, auch in inn'rem Glück und
Freud,
ob ich verzagt, ob glücklich bin:
ich geh' zur Mutter Gottes hin.

Ihr übergeb' ich mich auf's neu,
sie helfe mir zu Lieb' und Treu,
dass ich in alle Ewigkeit
lobpreise die Dreieinigkeit!

Maria Vesperbild, Ziemetshausen

Schmerzensmutter, gotisch, Wallfahrtskirche Steinhausen bei Bad Schussenried

Wann wir mit dem Tode ringen,
wollst Maria uns beispringen,
‖:dass wir selig scheiden hin,
Jungfrau, Mutter, Königin.:‖

Hör das Flehen armer Sünder,
hör das Rufen deiner Kinder:
Gib uns Frieden, gib uns Ruh,
‖:führ uns deinem Sohne zu.:‖

O mein Jesus, dein Erbarmen
komm zugut auch jenen Armen,
die noch leiden in der Pein,
‖:führe sie zur Ruhe ein.:‖

(nach Antiphon: Ultima in mortis hora, um 1847)

Wunderschön prächtige hohe und mächtige, liebreich holdselige himmlische Frau, der ich mich ewiglich weihe herzinniglich, Leib dir und Seele zu eigen vertrau.
Gut, Blut und Leben will ich dir geben; alles, was immer ich hab, was ich bin, geb ich mit Freuden, Maria, dir hin.

Sonnenumglänzete, Sternenbekränzete, Leuchte und Trost auf der nächtlichen Fahrt.
Vor dem verderblichen Makel der Sterblichen hat dich die Allmacht des Vaters bewahrt.
Selige Pforte warst du dem Worte, als es vom Throne der ewigen Macht Gnade und Rettung den Menschen gebracht.

Schuldlos Geborene, einzig Erkorene, du Gottes Tochter und Mutter und Braut, die aus der Reinen Schar reinste wie keine war, die selbst der Herr sich zum Tempel gebaut.
Du Makellose, himmlische Rose, Krone der Erde, der Himmlischen Zier, Himmel und Erde, sie huldigen dir.

(Text: Laurentius von Schnüffis, 1692, Weise: Einsiedeln, 1773)

Schutzmantel-Madonna, von Hans Rueland, um 1480, Markdorf